JN410259

오희창 수필집

파도를 삼킨 바람으로

파도를 삼킨 바람으로

오희창 수필집

1판 1쇄 인쇄/ 2013년 4월 10일
1판 1쇄 발행/ 2013년 4월 15일

지은이 / 오 희 창
펴낸이 / 우 희 정
펴낸곳 / 도서출판 소소리

등록 / 제300-2007-21호
주소 110-521 서울 종로구 명륜동 1가 33-90
경주이씨 중앙회빌딩 302-1호
전화 / 765-5663, 766-5663(Fax)
e-mail: sosori39@hanmail.net
www.sosori.net

값 10,000 원

*잘못된 책은 바꿔드립니다.

ISBN 978-89-97294-32-9 03810

파도를 삼킨 바람으로

오희창 수필집

책을 내면서

내가 사는 집에서 길 하나 건너면 양천공원이다.

나는 새벽 4시 10분경에 기상, 옷을 갈아입고 잠시 허리, 무릎, 발목 등 관절 풀어주는 운동을 하고 4시 30분에 공원 둘레길을 걷기 시작한다. 열 바퀴를 돌면 5시 40분이 된다. 운동기구로 몸을 풀고 나면 6시 정각 에어로빅이 시작된다. 참여하는 인원은 7~80명 선인데 거의가 여자들이고 남자는 나를 포함 열 명 정도다. 60대 이상 할머니들이다.

국민체조 청소년체조로 몸을 풀고 서로 허리를 꺾어 인사를 한 다음 서로 손을 마주치며 "반갑습니다."라는 말로 전후좌우에 있는 사람들과 인사를 한다. 이어서 지도교사의 지휘에 따라 음악에 맞춰 에어로빅을 한다. 나이에 비하여 유연한 몸매로 잘들 따라한다.

각자의 자리는 누가 정해준 것은 아니지만 계속 같은 자리에서 하니까 서로 이웃한 사람끼리는 어색함이 없을 정도다. 나의 자리는 여인들이 포위하고 있다. 끝나는 시간도 어김없이 6시 45분이다. 마칠 때도 "내일 또 만나요."라고 하면서 서로 두 손을 마주친다.

나는 언제부터인가 인사말씀이 너무 싱겁다 싶어 "이쁜아!"

"자기야!"를 보태 익살을 부렸다. 처음에는 당황하더니만 이제는 스스럼없다. 그런데 딱 한 여인의 얼굴빛이 심상치 않다. 나를 좋아하나봐!

집으로 돌아와 샤워하고 7시 뉴스를 시청하다가 컴퓨터 앞에 앉아 메일을 열어본다. 매일 30여 편을 보내주는 친구들이 있어 심심하지는 않다.

창밖에는 땅이 풀리는 소리, 새싹이 돋아나는 소리, 봄이 오는 소리, 3박자가 정겨운 아침이다. 오늘도 출발이 좋다. 느낌이 참 좋다. 이참에 출판사 '소소리'로 네 번째 수필집 원고뭉치나 보내야겠다. 좋은 책이 나오지 싶다.

이렇게라도 황혼을 등에 업고 정오의 태양을 향해 달려야 회한과 보람이 뒤엉켜 후들거리는 몸을 바로 세울 수 있다. 낙조를 털어버리고 이글거리는 태양 아래 힘을 내어 제4수필집 『파도를 삼킨 바람으로』를 묶어 독자들 앞으로 다소곳이 찾아 나선다. 부족한 글이지만 행간의 의미에 주목해 주다면 글 쓰는 보람을 찾을 듯싶다.

끝으로 변변치 못한 글을 책으로 엮어준 우희정 사장님과 임직원 여러분께 고마운 마음을 오롯이 전한다.

계사년 새봄

삼호당(三乎堂)에서 오희창

▷ 차 례

2. 여름밤의 꿈

3. 행복한 삶

4. 불꽃 한 송이

1.

날마다 즐겁게

12

군자이야기

어린이에게 '자라서 무엇이 되고 싶으냐?'고 물어보면 '선생님 될래요.' '소방관 될래요.' '대통령 되고 싶어요.' 등 순진한 대답을 들을 수 있다. 그러나 중학생, 고등학생, 대학생으로 성장하여 가면서 위의 질문은 보다 현실적이고 구체적이며 고뇌에 찬 대답으로 변할 것이다.

방향을 바꾸어 '어떤 사람이 되고 싶으냐?'고 물어본다면 착한 사람, 지조 있고 신의 있는 사람, 너그럽고 유식한 사람이 되기를 원하지 독하고 신의 없는 사람, 옹졸하고 지조 없는 사람, 인색하고 무식한 사람이 되고 싶다는 사람은 한 사람도 없을 것이다.

한자(漢字)문화권에서의 바람직한 인간상을 '군자'로 표현한다.

'그 사람은 역시 군자야!' '군자답다'라는 말을 듣기를 원하고 스스로 군자가 되고자 노력한다. 여성들도 역시 '여중군자' 소리를 좋아하고 또 군자로 살려고 노력한다. 그렇다면 군자란 어떤 의미를 갖고 있는가? 사전적 의미는 '학식과 덕행이 높은 사람' '마음이 착하고 무던한 사람'으로 높은 관직(官職)에 있는 사람 즉 유위자(有位者)를 말한다.(중국 주나라 시대)

유위자를 군자라 한 것은 옛날에는 학덕이 높고 훌륭한 사람이 정치를 하는 것이 상례화 되었기 때문이다. 그러나 문명이 발달하고 교육이 보편화된 지금은 품성이 고상한 사람만을 군자라 칭한다.

고상한 품성은 무엇을 말하는가? 군자는 부모봉양을 잘하여 편안하게 오래 사시도록 모시고 사는 것을 첫 번째, 형제동기간에는 화목하여 탈 없이 지내는 것을 두 번째, 하늘과 사람을 우러러 한 점 부끄러워할 것이 없는 것이 세 번째 좋은 일로 알고 즐겨 실천한다. 이를 군자삼락(君子三樂)이라 한다.

그리고 군자의 마음가짐은 하늘처럼 푸르고 대낮같이 밝아야 하며 어느 누구에게도 알지 못하게 해서는 안 된다. 재능은 주옥이 바위 속에 박히고 바다 깊이 잠긴 듯 남이 쉽게 알지 못하게 하여야 한다. 요즈음 사람 속이기를, 거짓말하기를 밥 먹듯이 하고 조그만 재능이라도 있으면 자랑하고 뽐내는 것과는 대조적이다.

또 유은불보비군자(有恩不報非君子)다. 은혜를 입고도 나 몰라라 잊어버리거나 갚지 않으면 군자가 아니라고 한다. 남이 알아주기를 바라지도, 알아주지 아니하여도 화를 내지도 않는다. 그 밖에 군자의 품성을 말하는 글은 너무나 많다. 그중에 매·난·국·죽을 군자의 성품에 비유하고 인용한다.

매(梅)는 이른 봄 추위를 무릅쓰고 먼저 피는 꽃으로 청초한 아름다움과 지조를 상징한다. 송나라 임포는 독신으로 매화와 더불어 일생을 살았다.

난(蘭)은 깊은 산 속에서 피어도 향기가 멀리까지 퍼지는 꽃으로 그 향기와 고고한 자태는 충성과 절개를 상징한다.

국(菊)은 늦가을 무서리를 이겨내어 지조와 은일(隱逸)을 상징한다. 중국 육조시대 전원시인 도잠이 지은 「귀거래사」에서는 국화와 술을 즐기는 생활을 읊었다.

죽(竹)은 아름다움과 강인성·실용성·지조·절개와 더불어 생활과 예술에 직결되어 시경의 위풍(衛風)에서 주나라 무공의 높은 학문과 인품을 대나무로 비유하였다.

이와 같은 매·란·국·죽에 녹아 있는 군자의 사상은 뭇 선비의 기리는 바 되어 글로, 그림으로 드러내어 문예의 한 장르를 형성하였다.

특히 군자화는 산수화 · 인물화에 비하여 비교적 간단한 서예 기법으로 그릴 수 있다는 점에서 문인들에게는 자기수양에 적절한 방편이 되었다. 붓과 먹, 그리고 물에 필획으로 군자의 인품을 표현하는 소재로서의 매 · 란 · 국 · 죽은 춘하추동의 순리를 따라 그려내는 과정에서 인성을 갈고 닦아 참 군자를 지향한다.

고려시대는 송 · 원의 영향을 받아 왕공 사대부(王公 士大夫) 사이에 묵죽 · 묵난 · 묵매 · 묵국이 널리 그려졌고 조선시대는 도화서 화원시험에 필수과목이 되었다. 대륙의 영향을 받으면서도 독자적인 양식을 구축한 우리나라 특유의 사군자화는 독립한 장르로 발전되었다.

참 군자로 살고자 노력하던 선인(先人)들에 비하면 오늘을 사는 우리들은 자세와 목표 기타 어느 것 하나 바르게 갖추지 못하고 멋과 여유도 없는 삭막한 생활에 허덕이는 것 같아 아쉽기 그지없다. 이제라도 군자처럼 사는 사람이 늘어나기를 바란다. 늦었다고 생각할 때가 가장 빠르다니 말이다.

(2007. 12)

16

계유오덕(鷄有三德)

금년은 닭의 해입니다. 그래서 올해에 낳은 사람은 닭띠입니다. 옛날부터 사람들은 닭을 귀여워했을 뿐만 아니라 사표(師表)로, 귀감(龜鑑)으로 삼기도 하였습니다. 닭의 해를 보내면서 선인들이 닭을 좋아한 연유를 짚어보겠습니다.

닭은 꿩과에 속하는 날짐승입니다. 언제부터인가 가축(家畜)이 되면서 사람과 친근(親近)해지고 사랑까지 받게 되었습니다. 닭의 생김새나 행태(行態)에서 좋은 점을 발견하여 칭송(稱頌)하기를 계유오덕(鷄有五德)이니 삼덕(三德)이니 하여 사람으로 하여금 본받도록 하였습니다. 선인(先人)들의 닭에 관(關)한 문학작품(文學作品)도 다수(多數) 전(傳)해지고 있습니다.

수탉의 다섯 가지 좋은 점은 볏은 문(文)을, 발톱은 무(武)를,

싸움에 능하니 용(勇)을, 먹이를 나누어먹으니 인(仁)을, 어김없이 때를 알리는 울음에서 신(信)을 들었습니다.

암탉의 오덕(五德)은 21일간 정성(精誠)껏 알을 품어 새끼를 까는 모성애(母性愛)에서 자애(慈愛)를, 길러준 사람에게 알을 낳아주는 보은(報恩)을, 또래끼리 싸움질하지 않는 우애(友愛)를, 수탉의 뜻에 하시(何時)라도 응(應)하는 암탉의 순종(順從)을, 배부르면 먹지 않는 절제(節制)를 말합니다.

암수 공(共)히 부리부리한 눈과 볏에서 당당함을, 먹이를 보면 무리를 불러 모아 같이 먹는데서 인정을, 때를 어기지 않고 새벽을 알리는데서 신의 · 성실 · 정직(信義 · 誠實 · 正直)을 들어 계유삼덕(鷄有三德)이라고 하였습니다.

그런가 하면, '상호취식 인지덕야(相互取食 仁之德也), 임전불퇴 의지덕야(臨戰不退 義之德也), 정기의관 예지덕야(正其衣冠 禮之德也), 상계방위 지지덕야(相戒防衛 智之德也), 무위시보 신지덕야(無違時報 信之德也)'라 유교 최고의 가치(價値)인 '인 · 의 · 예 · 지 · 신(仁 · 義 · 禮 · 智 · 信)'까지도 다 갖추었다 하여 계유오덕(鷄有五德)이라도 하였습니다.

삼국시대부터 고려 · 조선에 이르기까지 사람으로서 갖추어야 할 이상적인 성품 · 인격 · 자질 · 덕목을 글로, 말로, 행동으로, 심지어는 계유오덕과 같이 동물을 비유하여, 스승이 제자에게,

친구가 친구에게, 부모가 자식에게, 이웃이 이웃에게 모범을 보이고 가르치어 실천궁행(實踐躬行)하도록 선양(宣揚)하였습니다. 마을·지역·사회·국가차원의 공동체도 이를 권장하여 사회를 정화하고 양심과 정의가 살아 숨 쉬고 나라의 기강이 바로 서게 하였습니다.

민국 수립 후 현재까지 지도자·학자·정치인·목민관들이 많이 배출되었습니다. 이들 중 과연 계유삼덕이나 오덕을 갖추어 존경받는 출중한 분들이 몇 명이나 되고 인간사회의 보편적 가치라 할 인·의·예·지·신(仁·義·禮·智·信)이 아직도 살아있으며, 문·무·용·인·신(文·武·勇·仁·信)을 조화롭게 갖춘 사람은 어디에 숨어있는지, 인정(人情)을 베풀며 성실정직(誠實正直)하게 살아 누구에게나 당당한 사람은 얼마나 되는지 참으로 알 수가 없습니다. 허전합니다.

을유년(乙酉年) 닭의 해가 저만치 기울어지는 지금, 닭에게 떳떳한 사람들이 얼마나 될까? 아쉽기만 합니다.

그러나 오우문인회원은 오덕(五德) 이상(以上)을 갖춘 선비동아리로 어디에 내놓아도 손색이 없다는 생각에 이르니 가슴이 활짝 펴집니다. 뿌듯합니다.

인생(人生)은 목표(目標)가 있어야 활력(活力)이 솟아나 건강하게 산다고 합니다.

오우문인회원은 신세대들에게 조용한 가운데 말씀으로, 행동으로, 인품으로 그야말로 인정이 넘치는 덕화(德化)로 인도하여 예의 · 염치(禮義 · 廉恥)가 살아 숨 쉬는 사회를 건설하는데 여력(餘力)이나마 보탭시다. (2012. 「오우수필」 5집)

20

감시대의 꿈

그 해 겨울은 추웠다.

나에게는 매년 추운 겨울이었지만 그 해는 유난히 추웠다. 6년 넘게 고향집과 산사를 오가며 고행 아닌 고행의 길을 걷던 고시 낙방생(落榜生)으로 심신이 지칠 대로 지쳐있던 때였으니 말이다. 식솔까지 딸린 33세의 가장으로 동토(凍土)의 끝에서 맞이한 겨울이니 그 추위가 오죽하였겠는가?

'눈 떠보니 청주교도소 감시대(監視臺: 망루望樓)였다'라고 하면 비약이 심하다고 할지 모르겠다. 그러나 그때 내가 처한 인생이 다름 아닌 바로 그것이었다. 춥고 배고프고 을씨년스러운 그 감시대는 청운의 꿈을 가슴에 묻고 고뇌와 번민으로 점철된 오랜 방황(彷徨)의 끝에 남들이 가장 힘들어하고 꺼려하는 교도관의 길로 접어든 첫 번째 계단이니 말이다.

당시의 감시대는 교도관이면 누구나 거쳐야 되는 최초의 근무 공간이다. 책상과 의자는 물론 화장실도 없다. 그곳은 난로 없는 겨울이고 선풍기도 방충망도 없는 여름이니 짐작할 만하지 않는가? 바로 두 평도 안 되는 좁은 공간에서 많은 햇병아리 교도관들이 총을 들고 2시간 근무 30분 휴식, 1일 24시간 근무하고 다음 날은 비번으로 퇴근하는 격무 속에 갈등을 견디지 못하고 중도하차 하기 일쑤였다. 그러나 혹독한 통과의례 같은 첫 번째 터널인 감시대 근무를 빠져나올 때쯤 되면 신참들은 적응력이 생기고, 제법 의젓한 교도관의 틀이 형성된다. 적어도 '감시대의 사계(四季)'를 통과하면서 쌓은 경험은 후일에 어려운 일이 닥칠 때 헤쳐 나갈 수 있는 든든한 자산이 된다.

겨울이 시작되거나 계절이 바뀔 때면 으레 술렁대는 중도포기자의 에피소드와 체념 속에 안주하려는 내부의 적과 싸우면서 우리는 또 다시 갈등을 겪어야 했다. 말이 쉬워 천직의식(天職意識)이지 현실의 고통과 절망감을 사명감으로 승화시켜 나가기란 여간 힘든 것이 아니었다. 처음에 나 자신도 내가 교도관이라는 사실이 믿어지지 않았으며 인정하고 싶지도 않았다. 직업에 대한 정체감(正體感)은 더더욱 가질 수가 없었다. 교도관이란 단어가 가져다주는 그 칙칙한 이미지와 고정관념을 마음에서 말끔히 씻어내기란 그리 쉽지 않았다. 그러나 나는 이미 백척간두(百尺竿頭)에서 뛰어내릴 각오로 더는 물러설 수도 없는 배수의 진을 치고 있었기 때문에 나름대로 최선을 다하지 않을 수가 없었다.

'될성부른 떡잎'이 안목 높은 선배 상사의 눈에 띄게 되면 상황이 바뀌기 시작한다. 나는 떡잎 시절에 서무과장인 정기국 선배의 각별하신 격려와 지도로 '교도관의 진로'에 확신을 가지게 되었다. 68년 2월 교도시보(9급시보)로 출발한 지 28년 만에 교정행정직 최고책임자 중 한 사람이 되기까지 각 직급, 직위에서 맡은 일에 최선을 다할 수가 있었다. 다만 텍사스의 들소처럼 앞만 보고 달려온 지난날들이 아쉬울 따름이다.

만일 그 추운 날 감시대에서의 고뇌와 갈등을 승화시키지 못하고 도중에 그만 두었더라면 아마도 지금보다 훨씬 더 후회하는 자리에 있을지도 모른다. 비록 화려한 무대는 아니지만 나를 필요로 하는 수형자들에게 가까운 이웃으로, 진정한 길잡이로 나설 수 있는 공간이 주어지니 이 얼마나 가치 있고 보람된 일인가? 때로는 직원들과 온갖 애환을 같이 하며 가려운 곳을 긁어 주고, 막히고 험한 길 터주며, 비빌 언덕과 바람막이 역할을 하는 것이 비록 작은 일이지만 교정직 간부만이 누릴 수 있는 보람이요 매력이라는 생각에 이르니 그 성취감인들 어찌 사소

한 것이라 할 수 있겠는가?

감시대에서 절망감을 짓누르며 '아! 나도 왕별(4급) 하나쯤은 달 수 있겠지!'라는 가느다란 기대와 희망을 가슴 깊이 품은 것이, 소신을 가지고 외길을 걸을 수 있게 했고 그 결과 과분하게도 왕별 셋(2급 이사관)을 달게 된 것이 아닌가 한다. 당시엔 미래에 대한 막연한 두려움과 절박한 현실만큼이나 좁디좁은 감시대 공간이었지만 그래도 나는 그 공간 속에서 나의 희망을 버리지 않고 별 밝은 밤을 꼬박 새웠다. 새벽 추위에 발을 동동 굴러야 했지만 내 마음은 좁디좁은 감시대를 딛고 자유로운 우주를 꿈 꿀 수가 있었다. 그 꿈이 마침내 현실이 된 것이다.

요즈음 교도관은 감시대 근무를 하지 않고 그 자리를 경비교도대에게 내어주고 있다. 그래서 신세대 교도관들은 내가 겪었던 감시대 공간에서의 갈등과 고뇌에 찬 시간을 갖지 못한다. 때문에 감시대의 꿈도 공유할 수가 없는 것이다. '산고 없는 옥동자'를 낳는 신세대이기 때문에 나의 지난 경험을 그들에게 설명하고자 해도 쉽게 공감하지 못하는 것 같아 아쉬울 때가 많다.

그러나 신세대 교도관들은 제법 당당하다. 우리 직장 어디서나 자부심과 소명감을 가지고 나름대로의 역할과 기여를 하는 젊은 교도관들이 많다. 나는 그들에게서 수형자 교정행정의 밝음과 희망을 기대하면서 나의 충고가 한낱 기성세대의 기우에 지나지 않는다고 스스로를 달래 보기도 한다. 그렇지만 내가 바라보았던 그 맑고 투명한 감시대 하늘의 별들과 가슴 아픈 애환이며 교훈이 결코 값싼 추억으로만 비쳐지지 않기를 바란다.

이제 명예퇴직으로 인생의 중요한 매듭을 짓고 물러나와 교정행정을 바라보는 내가 평생을 바쳐 이루고 얻은 것들의 시작이 '감시대'였고 그것은 내 인생의 모태로 다시 살아나고 있음을 고백한다. 나는 자랑스러운 교정인으로 남게 되는 것이 한없이 기쁘다.

오늘 오랜만에 별 맑고 총총한 겨울밤을 바라보며 지난날을 반추해 본다.

(1997. 12 교정지 초대작품)

*감시대 근무: 수용자의 도주와 외부침입을 방지하는 경계임무, 본문은 1960년대 근무여건이며 국민소득 2~3만불 시대인 지금은 현대화된 교정시설에 비하면 그야말로 원시적인 근무환경이라 할 수 있음.

25

고고한 인품으로

세월의 무게를 느끼는 세대는 오색단풍을 보고 아름답다는 생각보다는 오히려 가을걷이를 끝낸 텅 빈 들판을 보고 인생무상(人生無常)을 절감한다. 허무와 고독의 바람에 휘둘려 망연자실하기도 한다. 그러나 무상에서 허무와 고독을 발견할 것이 아니라 새로운 희망(希望)과 용기를 찾아야 마땅하다 하겠다. '무상(無常)'이라 함은 항상(恒常)하지 않고 끊임없이 변화(變化)한다는 말이다. 이 세상에서 잠시도 변(變)하지 않는 것은 없다. 사람은 생로병사(生老病死)하고 기타 생명이 있는 모든 것들은 생주이멸(生住異滅)하고 생명이 없는 것들은 성주괴공(成住壞空)의 변화과정(變化過程)이 시시각각(時時刻刻) 간단없이 진행되고 있는 것이다.

'만고(萬古)에 어느 시점(時點)을 기(期)하여 변(變)하지 않고 그대로 있다.'라고 생각해 보자. 바로 그때 일체만유(一體萬有)는 정지되어 버리니 살았다고 볼 수 없다. 아니 죽음과도 같은 현상이 벌어지고 있는 것이다. 변화는 삶을, 정지는 죽음을 의미한다. 변화하기 때문에 가능성이 있고 그 가능성에서 희망을 갖게 되고, 그 희망을 실현하기 위하여 인간들은 땀 흘려 일하게 된다. 변화를 두려워하거나 무서워할 일이 아니라 '변화무상(變化無常)'한 가운데서 자신을 적극적, 능동적으로 적응변화 시켜 거듭나면서 후회 없는 삶을 알차게 살아가야 할 것이다.

늙어 추해지는 육신을 아낌없이 벗어 던질 마음의 준비를 해두고 늘 편안하고 여유만만한 생활을 해나간다면 얼마나 멋진 일인가? 이런 삶을 사는 사람은 아마도 죽어도 죽지 않을 것이다. 어찌 되었든 뚜렷한 생사관(生死觀)을 갖고 떳떳하고 의연하게 노후를 살아간다면 '고송노석(古松老石)'과 같은 고고(孤高)한 인품이 돋보일 것이다. (2007. 12)

27

효(孝)의 르네상스는 끝났는가

계절의 여왕답게 5月은 10가지 기념일을 품고 있다. 그중에 가정의 구성원인 어린이·어버이·부부·성인을 위로·격려하고 기리는 날이 있어 5월은 가정의 달이라도 한다.

오는 세상의 주인공인 어린이들이 지혜롭고 튼튼하게, 씩씩하고 바르게 자라서 성인이 되어 가정과 사회, 국가와 겨레를 위하여 이바지할 책무와 자유민주시민으로서의 도리를 깨우치도록 하는 일은 아무리 강조해도 지나치지 않는다. 그리고 부모의 역할과 노고를 이해하고 위로·공경하며 효도를 다짐하는 일이며, 부부의 도리가 어떤 것인지를 되새겨 화목한 가정을 이루도록 관심을 제고하는 일도 막중하다고 본다. 더군다나 급격한 산업사회로의 진입은 이기주의·황금만능주의를 불러와서 사회는 편의·효율·성과·기능위주로 변화하다보니 가족관계를 얽어 주던 효와 사회질서의 근간인 인륜·천륜이란 단어는 사전 속으로 숨으려고 한다.

그렇다면 정말로 '효의 르네상스'는 영영 사라지고 마는가?

참으로 유별난 이 땅의 어버이들은 아직도 '자식사랑'에 기갈이 나서 사교육비에 허리가 꺾일망정, 기러기 아빠들은 바닷가에서 아내와 자식을 기다리다 망부석·망자석이 될지언정, 늙어 빈손으로 하늘을 휘~휘~ 젓다가 털썩 주저앉을지라도 숨이 다할 때까지 버둥대다 스러져간다. 부모의 참모습을 자식들은 어버이날만이라도 가슴을 열고 들여다보기 바란다. 이 땅에 사는 어버이들의 유별난 자식사랑이 마음 끝자락에라도 젖어있다면 효의 종자마저 구시대의 유물이라고 지워버릴 수는 없을 터이다.

유감스럽게도 지난날의 효는 가부장제·남존여비·상존하비 3박자에 얽혀서 가장·남성·어른 위주로 무조건 받들어 모시고 섬기며 따르는 것을 근본으로 하였다. 그러나 흐르는 세월은 결국 지상에서 가장 별난 부모의 자식들도 결국 별난 어버이가 되고 말았다. 시대상황에 따라 엄격하고 무조건적인 효는 어버이와 자식 사이에 갈등과 고통, 눈물과 한숨을 삭히면서 시대의 한계를 극복하여 더욱 아름다운 효의 모습으로 변화하고 있다.

그리 될 수밖에 없는 이유를 역사 속에서 찾아보자.

효(孝) 자(字)는 노(老)와 자(子)가 합성한 회의문자다. 늙은 어른을 업고 있는 모양의 상형문자다. 효는 전통적으로 천륜 · 인륜의 윗자리를 차지하였다. 뿐만 아니라 효를 문지본(文之本)이라 하여 '글의 이치'는 물론 '세상의 이치', '만물의 이치'를 포함하는 '인문의 근본'의 자리에 올려놓았다. 삼국사기 · 삼국유사에 나타난 효녀 지은의 기록을 보자.

효종랑은 재상 인경의 아들이자 헌강왕의 사위로 당대 최상류층이다. 효종랑이 어느 날 자기문하의 식객들에게 포석정에서 한 턱 낸다고 하자 모두들 달려왔는데 유독 두 사람만 늦게 와서 이유를 물었다. 두 사람은 보고 들은 바 눈물 나는 사연을 말한다.

"분황사 동쪽 마을에 일찍 아버지를 여읜 20세쯤 되는 한 처녀가 눈먼 어머니를 끌어안고 서로 소리쳐 울고 있어 동네 사람들에게 물어 보았습니다. 이 처녀는 집이 가난하여 몇 년째 밥을 빌어 어머니를 공양했는데 흉년이 들어 밥을 구걸하기가 어려워 부잣집에 몸을 팔아 종이 되었습니다. 몸값으로 받은 30섬(삼국사기에는 10여 섬)의 곡식을 주인집에 맡겨놓고 종일토록 그 집에서 일을 하고 날이 저물면 쌀을 싸가지고 집에 돌아와 밥을 지어 드리고 어머니와 함께 자고 새벽이면 주인집에 가서 일을 하였습니다. 며칠이 지나자 어머니가 옛날에는 거친 음식을 먹어도 마음이 편했는데 요즘에는 좋은 음식을 먹어도 가슴을 찌르는 듯하여 마음이 편치 못한 것은 무슨 까닭이냐 물었습니다. 딸이 사실대로 말하자 어머니가 큰소리로 울고, 처녀는 어머니 배만 부르게 봉양하고 마음은 기쁘게 못해 드린 것을 탄식하면서 서로 붙들고 우는 것입니다. 이 광경을 보느라 늦었습니다."

이 말을 들은 효종랑은 정이 많은 귀공자였는지 눈물을 흘리며 곡식 100섬을 보내주고, 효종랑의 어머니도 옷 한 벌을 보냈다. 효종랑의 무리 1천 명도 조 1천 섬을 거두어 보냈다.

효녀 지은이의 사연이 조정에 알려지자 진성여왕도 곡식 500섬과 집 한 채를 내려주고, 그 마을을 효양리라 했다. 이후 모녀는 그 집을 희사하여 절을 지어 양존사라 했다. 공자라 하더라도 하늘에 죄를 지으면 빌 곳이 없다고 했지만 이와 같이 하늘을, 세상을 감동시키면 하늘도, 세상도 무심하지는 않다.

이 기록을 깊이 헤아려 볼 때 효는 상고시대부터 숭상하였고 태산교악같이 높고 망망대해와 같이 넓어 인정 많은 우리 겨레의 본래 성품으로 민속·문학·역사를 관류하면서 찬란하게 꽃피웠다. 그러나 급격한 산업사회화는 대가족제도의 해체와 핵가족화를 초래하였고 가부장제마저 흔들려 가정파탄·가족해체와 효도의 붕괴로 이어졌다.

그러나 '불휘 기픈 남긴 ᄇᆞᄅᆞ매 아니뮐ᄊᆡ 곶 됴코 여름 ᄒᆞᄂᆞ니' 장구한 세월 깊이 뿌리내린 효가 그리 쉽게 무너질 리야…. 엄격한 세대 간의 상존하비와 남존여비의 비속 비행의 어렵고 힘든 효에 가려진 조손 사이 깊은 애정 나눔은 우리 겨레 효의 원형이다. 그리고 사랑의 원천이며 인정의 근본으로 재인식됨으로써 형식에 얽매인 효의 엄격성과 무조건성을 시대상황에 맞게 이완시켜 진정한 효인 문지본으로 되돌아가고 있다.

누가 감히 '효의 르네상스'를 지나갔다 하는가, 세계제일의 예의지국(禮儀之國)이요, 효지본원국(孝之本源國) 백성의 입으로 차마 할 말이 아니다. 잠시 산업화의 태풍에 잎이 떨어지고 가지가 부러진 것일 뿐, 효의 천년 거목은 신록의 계절에 한껏 푸르지 않는가. 어른을 가까이서 모시고 섬기며 받드는 '시봉의 효' 즉 노인복지는 가족들이 모시는 재가복지가 으뜸이다. 그러나 중풍·치매·노령·질병·거동불편으로 오랜 기간 보살펴야할 사정인데 형편상 도저히 감당하기 어려울 때는 주위의 시선이나 체면을 과감히 떨쳐버리고 전문요양복지시설에 모시는 것이 오히려 어설픈 부양으로 인한 서로의 고통에서 벗어나는 길이다. 부모도 자신의 부양에 매달려 자식들 생활이 일그러지기를 바라지는 않을 것이다. 오히려 시대상황에 따라 더 크고 넓은 효로 세상을 밝히면서 성실히 살기를 진정으로 바랄 것이다.

그러하다면 크고 넓은 진정한 의미의 효는 어떤 것일까?

가문의 대의를 성취하여 사회에 기여하는 효가 첫 번째요. 자식의 부모를 위한 희생이 인간성의 개화로 이어지는 효- 심청이 물에 몸을 던져 연꽃으로 거듭나 왕비가 되어 장님아버지의 눈을 뜨게 하고 나아가 세상 모든 장님들의 눈을 뜨게 하는-가 두 번째요, 인간을 요익하게 하려는 높은 뜻을 이루고자 출가하여 정진 끝에 성취하여 인류에 회향하는 효를 세 번째로 친다.

『삼국유사』에서 말하기를 진정은 어머니에게 말했다. "효도를 다하고 나면 반드시 의상대사에게 불도를 배우겠습니다." 이 말을 들은 어머니는 "부처님 만나기 어렵고 인생은 짧다. 그런데 내게 효도를 다하고 간다면 너무 늦지 않겠는가? 내가 너의 효도를 받는 것이 어찌 내가 죽기 전에 네가 출가하여 도를 배운다는 말을 듣는 것만 하겠느냐? 주저 말고 빨리 가거라."

진정이 대답했다. "어머니 말년에 오직 저 한 사람 곁에 있을 뿐인데 어찌 어머니를 버리고 스님이 된단 말입니까?"

어머니는 다시 타일렀다. "내가 너의 출가를 못하게 한다면 내 스스로 지옥에 빠지는 것과 같다. 비록 네가 내 곁에서 진수성찬으로 나를 섬긴다 해도 그게 어찌 효도라 하겠는가? 나는 문전걸식할지라도 천수를 다 할 것이니 참으로 내게 효도하려면 그런 말마라." …중략…

아들은 세 번을 사양했으나 어머니는 세 번을 권하였다. 아들은 어머니의 뜻을 따라 의상대사 문중으로 출가 득도하여 중생을 구제하였다고 한다.

이와 같이 중생을 구제하여 세상을 복지낙원으로 만든 진정의 효가 그 세 번째다.

위 세 가지 크고 넓은 효는 부모 · 자식 · 사회가 하나 되어 세상을 이롭게 하는 인간성의 진정한 성취라 할 것이다. 앞으로 효의 흐름을 시사하는 이런 효는 가정은 행복의 성곽으로, 사회는 복지낙원으로 승화시켜 세상을 살맛나게 할 것이다. '효의 르네상스'는 반드시 온다고 믿으면 오는 것. 세상만사는 마음먹기 달렸다고 하지 않던가? (2008. 5)

꽃은 피는데

불과 한 달 전 만해도 폭군과도 같이 길을 막고 비닐하우스를 깔고 앉아 많은 고통을 안겨준 눈도 이제는 흔적을 찾아볼 수 없다. 어느새 철새들은 북으로 돌아가고 버들은 파릇파릇 움트고 있다. 꽃소식은 바람을 타고 북으로, 북으로 달려온다.

한국의 봄은 버드나무 가지 끝에 먼저 오고 가을은 오동잎이 먼저 알고 뚝뚝 떨어져 땅 위를 뒹군다고 한다. 계절의 변화는 한 치의 착오도 없는 율동적 · 음악적 · 규칙적이기 때문에 한국의 사계가 이토록 아름다운 것이다. 봄 · 여름 · 가을 · 겨울 같이 각기 개성이 뚜렷한 나라는 대한민국 말고는 지구상에 별로 없지 싶다.

우리나라를 금수강산이라 이름 한 것이 결코 꾸민 말은 아니라고 본다. 사실 그대로 산수가 좋고, 풍광이 아름답다. 우리 민족의 심성 또한 이에 못지않게 착하고 맑고 깨끗하다. 그리고 노래와 춤을 좋아하지만 일할 때는 신명이 나게 일을 한다. 그리고 검소하며 예의바르고 학문을 좋아하기에 이 강토 이 산하가 더욱 화려하게 돋보이는 것이다.

세계의 '중앙에 있는 나라'라고 하여 자존심이 드높은 중국인들도 '원생고려국 일견금강산(願生高麗國 一見金剛山)'이라 할 정도로 아름다운 나라가 바로 우리나라다. 풀어보면 '원컨대 고려에 태어나 금강산을 한 번이라도 구경하면 한이 없겠다'는 말이다. 또 우리나라를 '동방예의지국(東方禮義之國)'이라 한 것으로 보아 풍광과 인성의 뛰어남을 그대로 확인한 것이라고 본다.

따라서 이 땅에 태어나 이 땅의 백성으로 사는 것이 가슴 뿌듯한 일이나 중국 사람처럼 꿈에서나 그려볼 뿐 금수강산을 구석구석 구경할 수 없는 현실이 참으로 답답하고 한심하다.

몇 년 전부터 금강산 길이 열리고 개성의 선죽교·만월대 등을 부분적으로 구경을 하게 되어 다행스러운 일이나, 이렇게 아름답고 화창한 봄날을 즐기는 마음 한 구석에서는 한층 더 보고 싶어지는 심정을 금할 수 없다.

꽃도 피고 얼음도 녹는데, 장군과 대통령, 인민과 국민들이 따뜻하게 손을 잡고 얼어붙었던 마음을 녹이고 풀어내는 날이 오늘따라 간절히 기다려진다.

우리는 본래 한나라 한민족 한 땅에 살면서 마음대로 오고가지 아니했던가 말이다. (1999. 3)

37

교도관의 자화상

보기보다 다르다는 말이 있다. 이 말은 좋게도 쓰이고 나쁘게도 쓰인다. 사람이 겉으로 보기엔 인상도 체모도 다 좋은데 실상 대하고 보면 나쁜 수가 있다. 반대로 겉보기엔 험상궂지만 더없이 좋은 사람이 있다. 많은 사람들은 사람을 대할 때 스스로 형성된 자신의 관념에 비추어 보게 마련이다. 이를 선입관이라고 한다.

여러 사람에게 선입관이 그다지 좋지 못한 사람이 설상가상으로 궂은일에 종사하는 경우가 있다. 그 사람은 그늘에서 살기 마련이다. 그 길은 소외되고 고독하고 괴로우며 슬픈 길이다.

그러나 '이 길은 나의 길이다'라고 생각하며 일생을 걸어가는 사람이 있다면 세상 사람들은 어떻게 생각할까? 천하고 미련스러우며 우둔한 사람이라고 지나쳐 버릴까. 인간의 최고 지성은 이성과 감성의 아름다운 조화에서 찾을 수 있는 것이다.

만일 인간의 사고가 감정만이 지배하는 것이라면 세상은 약육강식하는 아수라장이요 지옥이 될 것이다. 반면 이성만이 지배하는 것이라면 시와 풍류와 해학이 없는 그야말로 살맛 없는 사막과 같은 세상일 것이다. 그러나 신은 이성과 감성을 조화할 수 있는 지성을 인간에게 부여하였다. 선입관만이 세상을 지배할 수 없는 것이다. 선입관에 가린 참모습을 찾으려는 지성의 눈이 빛나기 때문이다.

나는 여기서 교도관의 길을 깊이 생각한다. 세상 사람들은 교도관을 좋게 보아주지 않는 것 같다. 나의 생각이 잘못일까?

일반 시민의 눈에 비친 교도관의 자화상을 그려본다. 접견시간이 만료되어 연민(憐憫)의 정담을 제지하는 얄미운 모습, 성춘향전에 나오는 악랄한 변사또의 인상, 교도소를 거쳐간 많은 사람들로부터 칭찬보다는 헐뜯김을 받는 상처난 얼굴 등 과히 돋보이지 않는 선입관뿐인 것 같다.

선입관에 가린 교도관의 참 얼굴을 읽어본다. 사회에서 버림받고도 부족하여 교도소에 들어와서도 말썽 부리는 포악수용자들에겐 엄한 아버지가 되어 바로 잡아주고 가정과 사회문제로 번민하고 잠 못 이루는 수용자에겐 자비스런 어머니가 되어 고

정(苦情)을 해결해 주며, 사회와 교도소에서 소외되어 고독에 몸부림치는 수용자에겐 다정한 친구가 되고, 초등교육을 받지 못한 수형자에겐 선생님이 되어 까막눈을 뜨게 하며, 기술 없어 벌어먹고 살 수 없는 자에겐 기술을 가르쳐 일터를 마련하여 주는 등, 그밖에 자유를 잃은 그들의 팔과 다리가 되어 불철주야 봉사하는, 남들이 무어라고 하든 그야말로 어두운 곳의 등불이 되고, 썩어 냄새나는 곳의 소금이 되는 성직자인 것이다.

애국자는 애국의 대가를 요구하지 않는다. 성직자는 누가 알아주기를 바라지 않는다. 쓸쓸하고 고독하고 고달픈 길을 그저 묵묵히 걸어가는 것이다. 그러나 사회는 너무나도 교정행정의 진수를 이해하지 못하는데 문제가 있다고 보겠다.

다행스럽게도 우리나라의 국력이 일취월장하여 응달진 곳에도 복지행정의 손이 닿을 수 있는 여력이 생겨 낡은 교정시설이 연차적으로 신축 개선되어 가고 있다. 수용자에게도 최저한도의 인간다운 문화생활을 기초로 한 개별처우의 방향으로 나가고 있으며 이에 따른 교도관의 증원과 처우개선 등도 발전적으로 이룩되고 있다. 그러나 이보다 더 시급한 문제는 사회의 폭넓은 이해와 협조인 것이다.

진정 교도관은 수용자들의 부모형제 선생님 등 일인다역으로 혼신의 힘을 다하여 그들을 새사람으로 만들어 보내고 있다. 이들을 사회가 선입견으로 지나쳐 버릴 때 다시 범죄의 온상을 배회할 것이며 누범의 증가로 사회는 전과자로 가득찰 것이다. 소름끼치는 일이 아닌가.

이러한 자명한 논리 앞에서도 사회는 자신이 만들어낸 수용자에 대한 자책과 반성으로 따뜻한 손길을 주는데 너무나 인색한 것이다. 우리는 사회가 추구하는 교정행정에 대한 참 이해를 갈망하고 있다.

그리고 국민들의 잘못된 선입관을 벗어버리도록 하는데 발분 노력을 배가함은 물론 교정행정의 진수가 무엇인가를 사회에 깊이 심어주어 우리가 지향하는 바 수형자 교정교화에 사회 각계각층으로부터의 적극 동참을 유도해야 한다. 그래서 범죄 곡선이 하향하는 명랑하고 따뜻한 사회를 이루어 나아가야 한다.

그때는 아마도 교도관의 자화상이 구름 위에 달 가듯 돋보이지 않을까?

(1996. 11)

41

날마다 즐겁게 살려면

금년 여름은 무척이나 더웠고 비는 무던히도 내렸습니다. 그것도 열대성 스콜과도 같은 집중호우가 하루가 멀다고 퍼부었습니다.

오늘은 비온 끝이라 모처럼 선선하여 추사 선생의 말씀에 따라 반일정좌 반일독서를 하던 중 귀뚜라미 소리가 들리는 것 아닌가? 어허 매미소리는 어디가고? 두 가지 물음이 한꺼번에 터집니다. 하도 신기해서 오늘이 며칠인가 달력을 더듬어 보니 양력은 8월 19일이요, 음력은 7월 15일입니다. 하기야 입추가 8월 7일에 지나갔으니 계절이 바뀌어 가는 것은 틀림없습니다. 그러나 어저께까지도 견디기 어려운 무더위와 소나기가 장마철같이 퍼부었으니 변화하는 절기를 실감하지 못한 터에 신기할 수밖에요.

이 나이 먹도록 하룻밤 사이에 귀가 멍멍하게 울던 매미군단(群團)의 합창소리는 한 올도 남기지 않고 숨어버리고, 귀뚜라미 소리 한 가닥 고독을 업고 나의 서재로 들어오는 맞교대 장면은 경험하지 못했습니다. 그간의 삶이 들떠서 흘러간 때문인지도 모릅니다.

먼저 여름가수 매미를 주목합니다. 매미과에 속하는 곤충으로 모양은 겹눈 사이에 세 개의 홑눈이 삼각형으로 있고 주둥이는 길고 수컷 복부에는 훌륭한 발성(發聲)기관이 있어 울음소리가 다른 곤충보다 크고 특이합니다. 생태적으로는 유충에서 성충이 되기까지 땅속에서 2~5년을 지냅니다. 지상에 나와 나무에 올라가 마지막 허물을 벗어 버리고 성충이 되어 약 한 달간 목이 터져라 울다가 유충을 나뭇가지에 낳고 일생을 마감합니다. 밝은 세상에 겨우 한 달간 살기 위하여 최장 5년 동안 칠흑 같은 땅 속에서 인고의 세월을 지냅니다. 그러니 그 울음이 온몸을 태울 수밖에요.

매미의 울음은 곱지는 않으나 그침 없이 애끊는 '단장의 아픔'으로 전이·치환되어 사랑·이별 등으로 시나 가요에 등장합니다.

이제 귀뚜라미를 살펴볼 차례입니다. 귀뚜라미과에 속하는 곤충으로 8종이 있습니다. '귓돌이', '귓돌암'이라고도 부르는데 모양은 흑갈색이고 복잡한 무늬가 있는 몸의 길이는 18㎜정도입니다. 땅 속에서 알로 월동하다가 8~10월경 정원이나 부엌 등지에 나타나 웁니다. 그 울음소리가 청아하여 영리한 동물로 인식됩니다. 모든 일에 달통(達通)한 사람을 일컬어 '7월 귀뚜라미'라 하고 또 '아는 것이 모진 바람벽을 뚫고 나온 중방 밑 귀뚜라미'라 하는 속담도 있습니다. 귀뚜라미 노랫소리는 사색하는 '가을사람들'의 입을 근질근질하게 만듭니다. '고독한 사람의 벗'이나 '독수공방 여인'의 한으로, '나그네의 시름'으로 노래나 문장에 오르내립니다.

추사 선생의 시 '오무종죽 오무예소 반일정좌 반일독서(五畝種竹 五畝藝蔬 半日靜坐 半日讀書)' '다섯 이랑은 대나무를 심어 생각을 비워 올곧게 추스르고 다섯 이랑은 채소를 심어 청빈하게 살면서 반나절은 조용히 앉아 명상을 하고 반나절은 책을 읽으면서 마음을 윤택하게 한다.' 이와 같이 몸과 마음 잘 다스려 쏠림이 없이 조화롭게 사는 삶도 정확한 계절의 운행에 따라 매미 가수와 귀뚜라미 소리꾼이 맞교대하는 이치와 다를 바 없다고 봅니다. 이렇게 살다보면 마음이 열리어 보이는 사물은 모두 한 폭의 그림이요, 들리는 소리들은 다 아름다운 가락이 됩니다. 어찌 날마다 좋고 달마다 즐겁지 않겠습니까. 귓돌이 노래처럼 맑고 우아하게 삽시다. (2005. 9)

평화통일을 성취진언으로

진흙 속에서 피어나도 깨끗하고 아름다운 연꽃이 피는 6월은 2002년 한·일 월드컵이 있어 더욱 신선한 울림 그 자체였습니다. 배달겨레의 영광을 재현할 수 있다는 자신감이 삼천리 방방곡곡에 넘쳐났습니다.

퇴영·좌절의 근·현대를 거치는 동안 침체·굴종·사대의 암울 속에서 허덕이던 백의민족에게 21세기 세계의 중심에 우뚝 설 수 있는 기백을 드높인 일대 사건이었습니다.

마음의 벽을 허물고 화해·용서·격려·포옹하면서 남녀노소 빈부귀천 친소를 가리지 않고 모든 국민은 경기장 안팎에서 한 덩어리가 되었습니다. 칠천만 민족이 한마음 한소리로 "오-필승 코리아", "대— 한민국" 성취진언(成就眞言)을 밤낮없이 염송했습니다.

이제 48년간 공들인 16강 · 8강 고지를 넘어 4강을 정복하였습니다. 비록 3, 4위전에 패배하였지만 붉은 악마들은 "괜찮아." "잘했어"라고 품위 있는 승리로 받아들였습니다. 민족적 자부심과 무한한 자신감을 갖게 했습니다.

바로 이것이 월드컵 대회를 개최하기 위하여 정성들여 쌓은 공덕입니다. "세상을 다 얻은 것 같아요" "우리 선수 · 감독의 골세리모니는 몇 번을 보아도 시원해요" "행복해요" "가슴 벅차요" "자긍심이 생겨요"라고 외치는 젊은이들의 환희 · 감격에서, 입이 함지박 만하게 벌어져 다물어지지 않는 함성에서, 거리의 붉은 물결에서 이를 확인할 수 있었습니다.

신선하고 새로운 '고품격응원문화'를 창출하여 세계인들의 머리에 각인된 분단 · 전쟁 · 빈곤 · IMF · 부패스캔들 · 화염병 · 데모로 얼룩졌던 우리들의 모습이 깔끔히 지워져 나라의 위상이 업그레이드되었습니다.

영광 · 환희 · 매료의 바탕은 무엇일까요. 우연도, 기적도, 운도 아니고 우리 팀의 실력입니다. 선수는 선수답게, 감독은 감독답게 제몫을 다한 500일 간의 피나는 연습 · 훈련을 통하여 쌓아올린 체력과 기량입니다. 감독의 흔들림 없는 소신과 선수개인에 맞는 훈련, 팀 칼라에 맞는 작전 · 상황 판단에 따른 지휘 능력입니다. 상대방을 야유하지 않고 격려·칭찬하는 예절·질서 속에서 웅장하고 현란한 응원과 국내외 동포들이 일념으로 '대-한민국'을 염송한 진언공덕(眞言功德)입니다. 붉은 악마가 무정부 무질서 혼돈으로 흐르지 않고 자발적으로 도약시킨 신선한 민족의 힘입니다. 온 겨레와 더불어 선수·감독·붉은 악마가 삼위일체 된 위력입니다.

이제 함성도 감격도 아름다운 축구경기장 속으로 잦아들고 있습니다. 그래서는 안 됩니다. 선수들에게 상금·훈장·병역면제를 주고 히딩크에게 명예국민·훈장을 주고, 거리·동상을 만드는 것으로 끝나서는 안 됩니다. 축구강국으로만 남을 수 없습니다.

이번 대회에서 선수는 선수답고 감독은 감독답고 응원은 응원다웠던 덕목을 국가와 국민의 기본으로 받아들이는 '답게' 운동으로 새 시대를 열어야 합니다. 능력·용기·자비·지혜·절제·우애·정의·책임사회를 만들어야 합니다. 이런 사람이 많으면, 많이 나타나면 권모술수·선동선전·음모모략·꼼수 등이 사라지고 대박·괴짜·광기·굿판·돌풍·엽기·깜짝쇼와 같은 눈가리고 아웅 식의 행태가 점차적으로 사라지게 됩니다.

바로 이것이 건전한 풍요 속에 살맛나는 일류사회·일등국가로 우뚝 서게 하는 요체입니다.

사부대중이여! 배달족이여! '대- 한민국'과 더불어 '평- 화통일'을 우리들의 성취진언으로 염송(念誦)하여 하루속히 조국통일을 이룹시다. 대- 한민국! 평- 화통일! (2002. 8)

대추씨 하나 입에 물고 십리를 간다

1998년 호랑이의 해가 물러가고 있다. 산천이 진동하는 포효 한 번 못 지르고 퇴장하는 모습이 참으로 민망스럽다. IMF 경제 신탁 통치가 시작된 1년간의 우리들 자화상은 어떠한가. 실업자 홍수 속에 노숙자가 넘쳐나고 가정은 해체되고, 기업은 기반이 붕괴되는 한파가 몰아치고 있다.

이런 혹독한 시련을 극복하는 데는 은근과 끈기로 대표되는 민족정기를 되살리는 일이다. 우리 민족은 일제의 혹독한 식민통치와 6・25동란의 잿더미 속에서 일어서서 국민소득 만불 시대를 연출한 저력을 가지고 있다. 그 힘은 예의와 염치가 살아있고, 인정이 넘치며, 근면 성실하여, 어떤 역경에서도 굴하지 않고 일어서는 불굴의 의지에서 용솟음친 것이었다.

그러나 지금 우리 국민에게 이런 '민족정기가 살아 있는가?' 라고 자문할 때 자신 있게 머리를 끄덕일 수 없는 현실이 안타깝다.

그간 우리나라의 성장제일주의에 몰입해 온 이면에는 국민정신이 병들고 왜곡되어온 것이 사실이다. 속은 텅 비어 있으면서 허장성세 속에 퇴폐・향락의 추구와 황금만능주의에 탐닉하여 분수 모르고 편한 것, 좋은 것, 즐거운 것만 찾아 헤매다 보니 누구 하나 IMF 위기를 경고하는 사람이 없었다.

그러다 보니 IMF 충격 앞에 모든 것이 너무나도 쉽게 무너지고 있다. 국민정신과 윤리도덕이 무너지고 인격과 가정이 꺼지고 있다. 가장들은 3D업종을 외면하고 거리의 노숙자로 부랑자로 떠돌아다니면서 가족을 유기하고, 주부들은 유흥・환락업소에 나와 쉽게 돈을 벌려하고, 수용시설에 위탁하는 아이들은 늘어만 가고 있다.

양말을 기워 신고 꿀꿀이죽으로 연명했던 한국동란의 폐허 속에서도 지금과 같이 맥없이 주저앉거나 포기하지 않고 재기할 수 있었던 것은 그래도 정직하고 자족할 줄 알았고 도덕과 양심이 살아있었기 때문이다.

도덕재무장 운동이 미국의 공황기에 무너지는 국민윤리와 황폐해지는 정신을 부추겨 희망과 용기를 갖고 밝고 정의로운 사회질서를 회복하였음을 알아야 한다.

국민경제추락보다도 더 무서운 것은 민족기상과 국민정신의 타락, 좌절, 부패이다. 좌절하고 타락, 부패하는 것은 잠깐이지만 재기하고 정화하는 데는 오랜 세월, 많은 투자, 큰 정성이 필요한 것이다.

늦기 전에 '국민윤리선양운동'을 펴야겠다. 선비는 아무리 배가 고파도 대추씨 하나를 입에 물고 십리를 간다고 하지 않는가? 바로 이런 극기정신과 밥알 하나 밥 그릇 씻은 물까지도 버리지 않고 마시는 발우공양 사상의 실천 운동이 불같이 일어나 국민정신을 바로 세워야 하겠다. 선인(先人)들의 상부상조의 실천 강령인 향약·두레정신을 오늘에 되살린다면 경제신탁통치를 빠른 시일 내에 졸업하리라 믿어 의심치 않는다. 수많은 외침과 환란을 극복한 위대한 조상을 둔 민족이니 말이다.

(1998. 10)

도마뱀 보았어요

훈풍이 코끝을 간질이던 4월 어느 날, 갈산 초등학교 4학년에 다니는 손녀딸이 현관문을 열면서 헐떡거리는 말.

"할아버지 나 도마뱀 봤어요."

"어디서?"

"1402동 앞 둑에서요."

"얼마나 큰데?"

엄지와 검지를 벌리면서 "이만하던데요." 한다. 둑은 완충녹지를 말한다. 하여튼 잘못 본 것은 아닌 것 같지만 도심 한복판에 도마뱀이라? 조금은 의아하였다.

양천구에는 도로와 아파트주택단지 사이에 완충녹지가 형성되어 있다. 개발초기에 미루나무, 플라타너스, 아카시아 등 활

엽수 위주로 심어서 늦봄에서 가을까지는 우거져 푸른 도시를 이루고 있으나 낙엽이 진 겨울에는 개골수(皆骨樹)로 찬바람과 어울려 을씨년스럽기까지 하다. 더군다나 속성수로 거목으로 자랐으나 다듬어지지 않아 볼품없는 불량수목이 되어 버렸다.

금년 초에 이런 불량수목을 솎아내고 다양한 수종의 나무를 심어 생태 숲으로 개량하겠다는 현수막이 걸려있어 한껏 기대감이 부풀어 오른 터에 도마뱀 이야기를 들으니 기분이 좋았다.

그간 중장비가 들락거리고 벌목하는 소리가 들리더니 나무심기를 시작한다. 집 앞에서 벌이는 공사라 관심을 갖고 지켜보다가 이제는 마무리단계에 접어든 지난 일요일 오후에 문득 '생태 숲이라?'는 기대감과 궁금증이 솟구쳐 완충녹지 한가운데 나있는 길을 따라서 걸어보았다. 이전에는 돌판제를 깔아 걸어가는 발바닥이 요란하였는데 이를 다 걷어내고 부드러운 황토 길을 만들어서 걷기가 무척 편안하다. 깊은 사색을 하면서 걸을 수 있어 좋다.

개량공사로 사라진 불량수목 아래 있던 어린나무들은 움츠렸던 기를 한껏 펴고 숨을 크게 쉴 수 있게 되었다. 거침없이 무럭무럭 자랄 거라 생각하니 나도 덩달아 클 것 같은 기분이다. 그리고 낙락장송에는 미치지 못하나 제법 큰 소나무를 심어 전체적인 경관도 의젓하다. 소나무는 우리 민족에게는 각별한 의미를 가지고 있다. 애국가 '남산 위에 저 소나무' 가사가 말하듯 소나무(적송: 赤松)는 우리민족 불굴의 기상이 아니던가? 서울시 중구는 가로수를 소나무로 교체하고 있다. 참으로 흐뭇한 일이다.

완충생태녹지에 새로 심은 나무를 살펴보았다. 앵두나무를 비롯하여 팥배, 졸참, 갈참, 명자, 생강, 조팝, 좀작살, 화살, 마가, 산딸, 보리수나무 등을 심었고, 그 사이사이에 자산홍, 낙상홍, 금계국 등 여러 가지 기화요초(琪花瑤草)도 심었다. 식물원을 거니는 느낌이 들 정도로 다양한 종류의 식생물이 자라고 있음을 보았다.

표지판에 새긴 나무와 꽃 그리고 풀이름이 한결같이 앙증맞고 감칠맛이 났다. 그래서 내 나라 우리 나무요 풀이요 꽃인데 이름을 모르고 살아온 세월이 쑥스러워 이를 조금이나마 덜어보기 위하여 독자들 앞에 이름을 열거하였다.

양천구에는 걷고 싶은 거리가 많다. 시와 묵향의 거리를 비롯하여 해와 별, 젊음, 사랑, 고향의 거리 등이 목동 중심축에 이어졌다. 그리고 각 동마다 산책로가 조성되어 있어 주민의 건강과 정서에 큰 도움을 준다.

이에 금상첨화로 완충 생태녹지 한가운데 황톳길이 열렸으니 더 말해 무엇 하겠는가? 이 숲에서 여치, 매미, 개구리, 두꺼비 그리고 징그럽기는 하나 뱀 등 양서류들이 어슬렁거리는 건강한 생태계가 형성되어 사람과 자연이 어울려 정답게 살았으면 좋겠다.

나는 평소 양천에 사는 보람과 긍지를 만끽하는 사람이다. 땀 흘려 으뜸양천으로 가꾸는 공무원이 있고 이에 박수갈채를 보내는 구민이 있어 나날이 새로워지니까….

그래서 나는 07년 새해 새아침 용왕산 해맞이 행사에서 '양천찬가'를 지어 구민들에게 바친 바 있다. 이제 힘차게 그러나 조용히 양천찬가를 낭송하면서 붓을 놓는다.

양천찬가

삼호당 오희창

용왕산에 햇살이 쏟아진다.
아! 복지낙원 양천에 서광이 어린다
나무들은 경배하고 새들은 노래하며
오목 내는 방글방글 웃는구나

천호(千戶)지 벌 만호(萬戶)지 터에
방방곡곡에서 모여들어
엄지산 신정산 칼산과 오목내를
배산임수(背山臨水)하여 집을 짓고 길을 내니
햇빛도 고와라! 바람 맑아라!
서울에서 으뜸가는 복지(福地)로다

학문과 예술 꽃이 피고
예의염치 향기로운 동네-
사람 좋고 인정 많아
푸른 숲 맑은 물과 모든 생명들이 어울려
좋아라! 좋아라! 깔깔댄다
이리 좋은 마을 천하에 또 있을까!

어화 둥둥 내 사랑 해 누리 마을
대를 이어 살아갈 우리들 세상!
사랑 사랑 으뜸양천
가꾸어보세! 얼~쑤!

(2008. 6. 양천뉴스)

둑방 도서함

일주일 전인가 양천구청 안양천 관리팀장으로부터 '천변 낭송회'를 하자는 전화 제의를 받았다. 낭송회는 문화체육과 관심사항일지는 모르지만, 치수과 안양천 관리팀장이 이런 제의를 하다니 한동안 멍했다.

숨을 고르고 차분히 생각해보니 조선일보와 (사)한국문인협회가 공동 주최하는 낭송회를 한다고 하니 양천문학회와 구청이 공동으로 개최하면 좋겠다는 것이다. 그 배경을 들어보니 문화구정도 구현하고 책도 기증받아 산책로에 설치한 '둑방 도서함'에 비치하여 산책 나온 구민들의 독서에 기여하고자 한다는 것이다.

참으로 그 뜻이 기발하고 가상하여 낭송회는 사정에 의하여 개최하지 못하지만, 책은 수집하여 보내주고 싶다는 뜻을 전하고 도서함 확인 약속을 받은 후 통화를 끝냈다. 평소 국민 독서율이 극히 저조하여 당국에서 문화입국 차원에서 범국민 독서운동을 들불처럼 펼쳐 나가기를 바랐던 사람으로서는 참으로 반가운 소식이 아닐 수 없다.

오늘은 도서함 확인을 약속한 날이다. 약속시간에 치수과에 들어가니 초면이지만 서글서글한 성품의 이 팀장에게 호감이 간다. 잠시 인사말이 오고간 후 곧바로 청사 후문에서 승차하여 천변 산책길을 확인하러 달려갔다. 도중 구정 현안을 설명하는 이 자원팀장과 같이 이대목동 병원 옆길에 하차하여 둑으로 올라간다. 산책길에 들어서니 정자가 있고 체력단련 운동기구와 발 지압로가 있고 휴게실에 의자가 설치되어 있다. 그리고 '둑방 도서함'이 다소곳이 서있다. 방수·방부·방염 처리된 재질로 멋지게 만들었다. '디자인 서울'답게 양천에도 각종 설치물들을 멋지게 만들어 놓았다.

볼 것을 보고, 설명 다 들었으니 나는 이 팀장에게 "운동 겸해서 걸어가겠으니 어서 돌아가세요." 했다. "여기서 댁까지는 너무 먼데 괜찮겠느냐"고 걱정하는 팀장에게 "공무에 바쁜 사람이 여기서 지체해서 되겠느냐"고 정중히 이야기 하여 발길을 돌리게 하였다.

나는 설명만으로는 성이 안 차 천변 산책로를 따라 걸으면서 확인할 참이다. 양평교에서 오금교까지 걸어오면서 많은 것을 보고 느꼈다. 먼저 산책길이 시멘트 포장길에서 마사 황톳길로 바뀌어 발바닥 촉감이 부드러웠다. 산책길로 접근이 용이하도록 육교(2개)도 설치하였다. 상쾌한 음악과 따뜻한 물이 흐르는 신개념 화장실(4개)이 설치되었다. 산책길 양 옆에는 벚꽃이 활짝 피어 터널을 연상케 하였다. 먼 훗날 아름드리 벚나무로 자라나면 청주시 진입로의 플라타너스 터널보다 더 화려·웅장하리라는 상상도 했다. 산책로에서 내려다본 안양천에는 물새가 노닐고 억새풀이 으악새~ 으악새~ 노래를 하고 있다. 산란기라 잉어를 비롯한 물고기가 오르면서 평화로이 놀고 있다. 자전거도로에는 자전거 하이킹 족이 페달을 힘차게 밟고 각종 운동장에는 배드민턴·축구·정구 등 운동을 즐기고 있다. 평일 오후라 한적하지만, 토요일이나 공휴일에는 가족 단위 또는 동네 친구 등 여러 사람들이 모여드는 안양천변은 운동장·생태공원·산책로 등 다기능 공간으로 아름답고 편리하게 탈바꿈하고 있다. 안양천변 관리를 맡은 치수과와 치수팀장의 기발한 업무추진으로 날마다 새롭게 변하는 상황을 제대로 아는 구민이 얼마나 될까 아쉬운 점도 있다.

오금교가 가까워지자 69년에 날라리 봇짐을 지고 직장 따라

충청도에서 이 동네로 이사 올 때만해도 둑에는 판잣집이 옹기종기 붙어있었고, 성장기 썩은 물이 흐르던 추억이 개나리꽃처럼 피어오른다. 그야말로 상전벽해다. 달라진 안양천을 보면서 내 조국 대한민국이 자랑스럽다는 생각이 든다. 나날이 새로워지는 우리 양천구에 사는 보람도 꽤나 크다.

그럭저럭 귀가하여 보니 벽시계는 오후 4시를 가리킨다. 1시간 40분을 걸은 셈이다. 운동 잘했다는 생각이 든다. 급한 마음에 우선 내가 아는 출판사 2~3곳에 전화를 걸어 좋은 일에 쓰려하니 책을 기증해 달라는 부탁을 하였더니 반응이 호의적이다. 4월 24일 전까지는 출판사 순례를 하여야 할 것 같다.

(2008. 4)

다운 사람이 되자

"사람이면 다 사람이냐 사람다워야 사람이지."라는 말이 있다. 맞는 말이다. 부모는 부모다워야 하고 자식은 자식다워야 하고 선생은 선생다워야 하고 학생은 학생다워야 한다.

여기서는 어떤 사람이 남자답고 여자다운지를 살펴보겠다.

세상의 주인인 사람은 남녀 양성(兩性)이 조화로워야 행복하고 즐거운 가정이, 평화롭고 안전하고 복된 사회가 되고, 선진국가로 발전한다. 사회나 국가의 기초단위인 가정은 남편과 아내 즉 이성지합(二姓之合)으로 이루어진다. 따라서 남편은 남자다워야 하고 아내는 여자다워야 화목하고 행복한 가정을 이룰 수 있음은 자명한 일이다. 이런 부부를 달리 표현하면 '궁합이 잘 맞는다', '천생연분(天生緣分)이다'라고 한다.

그러면 먼저 어떤 남성이 남자다운가. 남자의 매력을 남성의 입장에서가 아니라 여성의 견지에서, 동서양의 문화적 배경을 넘어서 중도적 입장에서 중론 모아 정리해 본다.

첫째, 능력이 있어야 한다. 능력은 알음알이(지식)의 힘이고 기술, 기능의 힘이고 추진력인데 이를 모아 한마디로 '힘'이라고 할 수 있다. 한자로 사내 남(男)은 힘으로 밭을 짊어지고 있는 모양이다. 힘이 없으면 남자가 아니라는 것이다.

그래서 옛날 어른들은 남자아이가 태어나면 힘을 기르려고 인삼 등 각종 보약을 달여 먹이고 지식을 배양하려고 서당에 보내고 동네 사랑방에 보내 대인관계를 형성하도록 하였다. 건강하고, 배우고, 사람 사귀어 추진력, 생활력, 경쟁력을 갖추어야 한다.

둘째, 강인(強靭)해야 한다. 인생현장은 싸움판이다. 어떠한 도전 앞에도 굴하지 않고 헤치고 나가야 한다. 아무리 어려운 시련과 장애가 가로 막아도 좌절하지 않고 극복하여 전진하려면 당당하게 나아가 싸워 이겨야 하는 강인·불굴의 정신이 있어야 한다. 동물도 암컷은 조용하고 얌전하고 자상하지만, 수컷은 활동적이고 투쟁적이다.

셋째, 결단력이 있어야 한다. 우리가 사는 현대사회는 정보가 넘쳐흘러 중심을 잡고 살기 어려울 정도다. 세상에는 돈, 섹스, 권력, 명예가 유혹하고 비리와 불륜 부조리와 무질서, 불법과 혼돈이 현대인의 정신을 흔들고 있어 결단력 없이는 생활기반마저 무너지게 되어 있다. 특히 국가사회의 지도자(남성)는 질서를 바로세우고 정비하기 위하여 취사선택(取捨選擇)을 제대로 하고 선악시비(善惡是非)를 가려 자를 것은 자르고 끊을 것은 끊어버리는 결단력이 긴요하다.

넷째, 관용과 포용력이 있어야 한다. 남자가 편견에 사로잡히거나 속이 좁고 옹졸하면 큰 일을 못한다. '남자는 가슴이 넓어야 한다'는 말은 포용력이 있어야 한다는 뜻이다. 이는 인간미요, 사랑이다. 관용과 포용력은 공동체의 화합과 조직력의 강화, 그리고 영향력의 확대를 위하여 필수조건이다.

다섯째, 남자에겐 무게가 있어야 한다. 남자는 몸집도 듬직하고 언행도 신중하고 일치하여 한번 뱉은 말은 끝까지 책임지는 사람이어야 한다. 장부일언중천금(丈夫一言重千金), 군자불중즉불위(君子不重則不威)란 말을 자주 바꾸든지 약속을 자주 어기든지 쉽게 화를 내면 가볍게 보인다는 말이다. 공자도 배은망덕 (背恩忘德) 언행불일치(言行不一致)하는 사람과 자중자애(自重自愛) 할 줄 모르는 사람은 기피했다.

이제부터는 어떤 여성이 여자다운가를 살펴 볼 차례다. 보는 관점은 남성의 입장에서 중론을 모아 정리했음은 남성을 보는 관점과 같다.

여성의 매력 하나는, '부드러움'이다.

이 말은 상대하기가 불안·불편하지 않고, 부담스럽지도 차갑지도, 거칠지도 않다는 뜻이다. 그러나 쉽게 만만하게 보인다는 말과는 전혀 다르다. 다시 말해서 부드럽다는 말은 접촉할 때 감촉이 사랑스럽다는 것이고 더 나아가 친절하고 따뜻하다는 말이다.

매력 둘은, 아름다워야 한다.

남성과 달리 여성은 외모가 아름다워야 한다. 인형처럼, 미스코리아처럼 아름다워야 한다는 것이 아니고 여성답고 인상이 좋아 거칠고 칙칙하고 탐욕스럽지 않고 추하게 보이지 않는 인상을 말한다. 마음이 진실하고 밝고 착하면 자연히 외모에 그렇게 드러나 보이게 마련이다.

매력 셋은, 매서움이다.

매서움이란 예리하고 분명하고 거친(톡 쏘는) 세 가지 성격을 포함한 것이다. 따라서 매서움은 시비선악(是非善惡) 전후좌우(前後左右)를 가릴 줄 아는 판단력이 있어야 나온다. 매서움이 있어야 지조를 지킬 수 있다.

매력 넷은 섬세함이다.

섬세함은 주도면밀성을 말한다. 여성에게 섬세함이 없으면 여성다움이 없다고 본다. 대범하고 거친 남성의 부족함을 채우는데 없어서는 아니 된다. 모세를 살린 것도 미리암의 섬세함이다. 그래서 그는 매력있는 여자의 반열에 오를 수 있었다.

매력 다섯은 적응력이다.

훌륭한 여성들을 살펴보면 끈질긴 적응력을 가지고 있다. 적응력은 사랑의 힘이다. 남편을 사랑하기 때문에 고생을 감수하면서 어려운 상황에 적응하여 살림살이를 한다. 자식을 사랑하기 때문에 어떠한 악조건도 극복·적응 하면서 자식을 키우고 가르치는 것이다. 그래서 '여자는 약하지만 어머니는 강하다'라고 한다. 조선조의 여인상은 '인고의 세월'을 헤쳐나가는 어머니요 아내인 것이다.

남자는 남자다워야 하고 여자는 여자다워야 하는 요건을 살펴보았다. '다운 남녀'가 만나 사랑과 행복이 넘치는 가정을 이루어 국가 사회의 기반을 튼튼히 하고, 국민 모두가 '다운 사람' '다운 국민' 된다면 우리나라는 세계에서 가장 살기 좋은 나라, 선진 지도국가의 반열에 오를 것을 믿어 의심치 않는다.

우리 모두 '다운 사람'이 되어야 하지 않겠는가?

(2013. 3)

2.

여름밤의 꿈

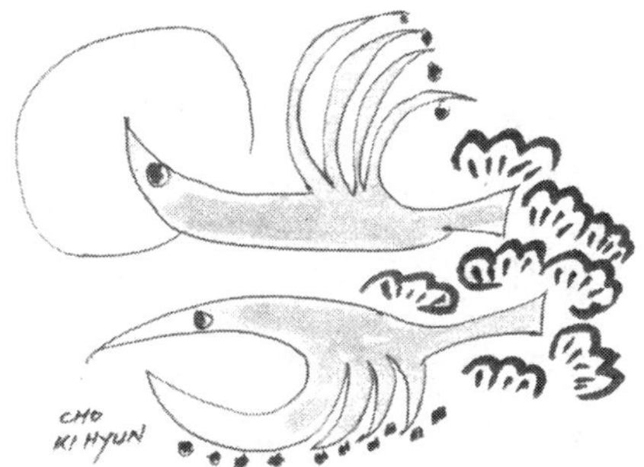

매미군자에게 따뜻한 손을

이 글을 쓰는 지금도 창밖에서 들려오는 매미소리는 나의 답답한 속을 쓸어내는 듯 시원하다. 금년 여름은 무던히도 더웠다. 태풍은 금수강산 구석구석을 생채기 내어 그 아픔에 비명을 지르는 이재민(罹災民)들이 망연자실 한숨만 토해내는 모습이 눈에 선하다.

이런 가운데 입추가 지나 가을의 문턱을 넘어 한참 들어왔으니 더위도 저 만치 물러가고 있다. 모기 주둥이가 삐뚤어진다는 처서도 지났으니 더위에 지친 몸 추스르는 일이 남았다.

여름 동안 사람들의 스트레스를 털어내 준 매미에게 작별인사로 덕담 한마디 해야겠다.

선인들은 매미의 머리모양이 갓끈을 닮아 글을 좋아하니 그

문(文)이 일덕(一德)이요, 오로지 깨끗한 이슬만 먹고 사니 그 청빈(淸貧)이 이덕이요, 사람의 곡식을 손대지 않으니 그 염치(廉恥)가 삼덕이요, 집을 짓지 않고 나무 그늘에서 사니 그 검소(儉素)함이 사덕이요, 철따라 틀림없이 울어주니 그 신의(信義)가 오덕이라고 하여 매미를 군자지도를 아는 곤충으로 여기기를 주저하지 않았다.

중국 진·당대의 우새남은 다음과 같이 칭송하였다.

垂緌飮淸露　　流響出踈桐(수수음청로 류향출소동)
居高聲自遠　　非是藉秋風(거고성자원 비시자추풍)

드리운 끈으로 맑은 이슬은 마시고 흐르듯 우는 소리 성긴 오동나무에서 오네
있는 곳이 높아서 소리 절로 멀리 퍼지니 이는 가을바람을 빌린 것이 아니라네.

그리고 우리나라 임금님이 평상복으로 정무를 볼 때 썼던 익선관(翼善冠), 벼슬아치·선비·유생들이 쓰던 갓·망건·탕건·유건·정자관 등은 하나같이 말총·베·대나무살 등을 소재로 제작하였다. 매미날개와 같이 아른아른 얼비치는 모양새로 엮어서 옻을 먹이고 굳혀서 만들어 사용하였으니 매미처럼 문·청·렴·검·신의 오덕을 갖춘 군자지도를 먼저 익히고 실천하라는 뜻이 담겨져 있는 것이다. 다만 임금이 쓰는 익선관의 소재는 비단과 실을 소재로 좀 더 정교·세밀한 정성을 들여 만들었을 뿐이다. 요사이 볼품없는 정치지도자들을 보노라면 천

갈래 만 갈래 감회가 소용돌이칠 뿐이다.

바람을 마시고 사니 진정 마음은 비었겠네
이슬만 흡수한다니 몸 또한 조촐하구나
무슨 일로 진작 가을날의 새벽부터
슬피슬피 우는 소리 그치지 않는가.

조선시대 선조·숙종조 문신 허목이 매미를 찬탄한 글이다.

이렇게 동양의 선인들은 매미의 오덕(五德)을 찬하여 사람들로 하여금 본받으라고 하였다. 특히 지도층들은 먼저 군자의 도리를 익히고 실천하여 국민에게 수범을 보일지언정 시정잡배만도 못한 짓거리로 경멸을 받아서야 되겠는가.

나는 민족수난기에 태어나 어려운 환경에서 자라고 압축성장기에는 경제발전에도 이바지하면서 잘 견뎌왔고 이제는 민주·갈등·혼란기를 살고 있다. 군자오덕을 잘 갖추고 실천하면서 공직자로서의 도리와 본분을 다하고 야인으로 돌아와 성실하게 살고 있는 선후배 동료들이 자랑스럽고 존경스럽다. 어려운 시기에 나라에 충성하고 사회에 봉사한 친구들을 보는 것만으로도 행복할 따름이다.

이제 백로가 9월 8일로 다가오니 사람들의 여름을 버텨주고 떠나는 매미에게 늦었지만 작별의 손이라도 따뜻하게 흔들어 주어야겠다. (2006. 9)

명품인생을 그리자

1999. 3. 19일자 주간 시사지 「TIME」의 주제 중에 'How much are you?'가 눈에 확 들어온다. '당신의 육체는, 인생은 얼마짜리입니까?'라는 물음에 뉴욕주립대학 존 바인더 박사는 85kg의 건장한 남자 육체를 물질로 분해하여 보았다. 아주 미량의 인(燐) 철(鐵) 당(糖) 포타슘 등이 검출되었는데 이 모두를 합하여 당시 뉴욕 물가 시세로 환산하여 보니 일류호텔 커피숍의 커피 한 잔 값에도 미치지 못했다고 한다.

이에 더하여 백년 안쪽에 사라질 몸뚱이니 하잘것없는 몸이다. 그러나 이를 잘 활용하여 한 번뿐인 인생, 황금처럼 보석처럼 값지고 빛나는 삶을 살아갈 수는 없을까?

문제는 사람의 마음이다. 마음을 얼마나 넓게, 크게, 길게, 여유롭게 쓰느냐에 달려있다고 해도 과언이 아니다. 소개하는 『채근담』 한 구절에서 그 해답을 찾아보자.

歲月本長而 忙者自足(세월본장이 만자자족)
天地本寬而 鄙者自隘(천지본관이 비자자애)

세월은 본래 끝없이 긴 것이나, 마음이 바빠 시간에 매여 허둥대는 사람은 짧다 하고, 하늘과 땅도 한없이 넓고 넓은 것이나 마음에 여유가 없는 사람이 좁다고 느낄 뿐이다.

시간에 매달려 일에 허덕허덕 쫓기다 보면 허송세월 후 세월은 빠르다, 짧다, 유수와 같다 하고 마음에 여유 없이 이리저리 쫓기듯 살다보니 인생은 남가일몽(南柯一夢)이니, 일장춘몽(一場春夢)이라 한다.

'철들자 세상 뜬다'는 말이 있다. 인간은 다른 동물보다 불완전하다. 그래서 살아가면서 깨우치고 철이 든다. 말하자면 자라면서, 나이 들면서 점점 완숙해지고 지혜로워진다는 것이다.

다른 동물과 달리 철이 들어가기 때문에 '만물의 영장'이 되는 것이다. 그렇다면 공직에서 물러난 야인(野人)인 우리들은 살아온 만큼 지혜로워진 것이다. 가슴을 펴고 세상을 넓게 보자. 명답(名答)이 눈앞에 보이지 않는가.

사람을 화공(畵工), 화가(畵家)에 비유하기도 한다. 자기 인생은 자기 책임 하에 자기 멋대로 그림 그리듯 산다는 뜻이다.

백지 위에 그리는 그림이 원근(遠近) · 농담(濃淡) · 명암(明暗) · 심천(深淺) 등이 균형과 조화를 이루어 얼마나 진솔하고 아름답게 그렸는가에 따라 후세의 경매시장 가격이 상종가에서 하한가를 오르내릴 것이다. 기왕이면 상종가 명품을 그리는 것이 좋지 않은가?

이는 여생을 보람과 기쁨, 행복과 즐거움이 충만하게 사느냐에 따라 자연스럽게 명품도 졸작도 그려지는 것이다.

『채근담』에서는 허둥대지 말고 여유를 찾으라 했고, 까뮈는 그의 저서 『행복한 죽음』에서 '오직 행복하게 산 사람만이 행복하게 죽을 수 있다'라고 했다.

꽃은 필 때도 아름답게 피어야 하지만, 질 때도 아름다워야 한다고들 한다. 멋지게 살 일이다.

아! 이렇게 행복할 수가! (2008. 6)

민들레 꽃말이 던지는 의미

민들레는 목련, 홍매, 개나리, 벚꽃들이 화려하게 퍼레이드를 하면서 지나간 빈자리에 앉은 채로 노란 꽃을 피웠다. 화려하지도 아름답지도 않아 상춘객의 시선 밖으로 저만치 밀려나있다.

그러나 민들레는 아홉 가지 좋은 점이 있다하여 구덕초(九德草)라 한다. 국화과에 속하는 다년생 초본식물로 우리나라 전역에서 자란다. 밑동 잎은 심장형이고 피침형의 잎은 깃꼴이 깊이 갈라지고 가장자리는 톱니다. 꽃은 노란색 두상화이고 주로 4~5월에 핀다. 꽃필 때는 흰털이 있고 홀씨도 흰털이 있어 바람에 날려 멀리 퍼진다. 줄기와 뿌리에서 나오는 우유 같은 물은 최유제(催乳劑), 고미건위제(苦味健胃劑)로 성인병 예방에 좋다. 겨울에 줄기는 죽지만 이듬해 다시 살아나는 강한 생명력은 짓

밟혀도 꿋꿋하게 일어나는 백성과 같아 일명 민초(民草)라고 한다.(주: 『한국동식물보감』 정태현 편저)

수준 높은 성현군자의 가르침과 더불어 하찮은 들풀에 불과한 민들레의 좋은 점을 대중교육에 접목시킨 선인들의 지혜와 교육열은 참으로 놀랄 만하다. 인성교육이 소홀해지는 요즈음 옛날 서당 앞뜰에 민들레꽃을 심어놓고 학동들과 백성들이 민들레의 9가지 덕목을 외우고 실천하도록 한 것처럼 각급 학교에 구덕초공원을 만들어 덕성교육에 힘쓰면 좋겠다.

-자! 이제부터는 민들레에게 직접 강의를 들어보자.

구덕(九德)에 관하여 수강신청을 받았으니 강의를 시작하겠다. 사실 아홉 가지 덕을 갖추었다고 칭송해 마지않을 때마다 나는 민망스러웠다. 그러나 한결같이 칭송하고 나 또한 깊이 생각해 보니 구덕이 본성임을 어찌하랴? 덕목을 설명하면 이러하다.

① 모진 환경을 극복하고 피어나는 것이 일덕이요,

② 뽑히고 밟히고 잘려도 살아나는 억척같은 생명력을 지닌 것이 이덕이며,

③ 몸에서 여러 송이 꽃이 피는데 장유유서에 따라 차례로 피는 것이 삼덕이고,

④ 밤이나, 날씨가 흐리고 비가 내리면 꽃잎을 닫는 지혜로 명암·선악을 헤아리니 이를 사덕이라.

⑤ 꿀이 많고 맛과 향기가 좋아 멀리 있는 벌들(곤충)을 끌어 모아 먹게 하니 널리 베푸는 정을 일러 오덕이라 하며,

⑥ 농부들 기상하는 때인 먼동이 트는 새벽에 어김없이 꽃을 피우니 동양에서는 근면성실하다 하고 서양에서는 '농부의 시계'라 하니 이를 일러 육덕이라 한다.

⑦ 씨앗은 제각기의 깃털로 바람을 타고 멀리 멀리 날아가 자수성가 하니 강한 모험심·독립심·개척정신을 기려 칠덕이라 하며,

⑧ 잎이나 줄기에서 나오는 흰 즙은 종기치료와 기미제거·하열 등 약제에 쓰이니 어질다 하여 이를 팔덕이라 하고,

⑨ 뿌리·줄기·잎 등 몸 전신을 인간의 영양·강장식품·조미료 등에 쓰이니 살신성인으로 보아 이를 구덕이라 한다. 아홉 가지 모두를 아울러 민들레 정신이라 한다.

우리 선인들은 이 밖에도 모든 사물을 깊이 관찰하여 좋은 점을 발견하여 모두 교육 자료로 원용(援用)하였다. 예를 들면 수탉의 문·무·용·인·신을, 암탉의 모성·보은·우애·순종·절제를 계유오덕(鷄有五德)이라 가르쳤고, 목숨을 바쳐 주인을 구출하고 죽은 개를 의구총(義狗冢)·의구비(義狗碑)를 세워 충직과 의리를 기렸다. 심지어 돼지의 다산(多産)이나 저돌성(猪突性)까지도 자손들과 백성들을 경책(警責)하고 지도하는데 활용

하였던 훌륭한 조상을 둔 문화민족이다.

그런데 우리나라 연평균 자살률이 OECD 국가 중 최고라니…. 어처구니없는 일이 안전에 펼쳐지고 있다. 어찌 그리도 쉽게 좌절하고 포기하며 생명까지도 내던진단 말인가? 참으로 한심한 일이다.

이제 '민들레'의 강의를 들었으니 이를 재음미·재해석하여 부끄러운 민족이 되지 말아야 하겠다. 민들레 정신으로 살아간다면 인격파탄자·인간폭탄은 물론 스스로의 생명을 포기하는 자살도 사라질 것이다. 모든 생명이 상의상생하여 조화롭고 즐겁게 사는 세상이 올 것이다.

선인들처럼 사람과 자연·우주를 하나로 보는 너그러운 마음으로 내 몸같이 남을 생각하고 미물인 개·돼지·닭은 물론 민들레 등 풀 한포기라도 따뜻한 사랑으로 다가가 대화하고 좋은 점을 찾아내어 인성교육에 원용하는 정성을 기울인다면 말이다.

(2007. 5)

별빛으로 남은 여름밤의 꿈

장마철이 지나 음력 7월에 접어들면 노염(老炎)이 절정에 이른다. 시골집 마당에는 멍석이 깔리고 들마루가 차려진다. 별빛이 쏟아지는 밤하늘 아래 식구들은 옹기종기 모여앉아 수박·참외 등 여름과일을 쪼개 먹으며 이야기판을 벌인다.

풀을 베어 쌓아놓고 모깃불을 지르면 밤새워 연기가 솟아올라 모기떼를 몰아낸다. 엄마, 누나 등 식구들의 별을 찾아보다가 할머니, 어머니에게 옛날이야기를 해달라고 조르면 여러 차례들은 '십팔번이야기'지만 그런대로 재미가 있어 스르르 잠이 든다. 혹여 모기나 벌레에 물릴세라 할머니, 어머니는 솔솔 부채질로 아들, 손자의 잠을 깊이 재우다 보면 잠을 자는지 마는지 부옇게 날이 밝아온다.

이렇게 한여름 밤을 지내면서 들은 노래가 있으니 칠석노래(七夕謠)다. 그중 한 두 곡조를 옮겨본다.

칠월칠석 오늘밤은 은하수 오작교에
견우직녀 일 년 만에 서로 반겨 만날세라
(후렴) 원수로다. 원수로다. 은하수가 원수로다

닭아닭아 우지마라 네가 울면 날이 새고 날이 새면 임은 간다.
이제 다시 이별하면 일년 삼백육십오일 임 그리워 어이살지
(후렴) 우지마라 우지마라 무정하게 우지마라

이 외에도 2~3수가 더 전한다. 견우와 직녀가 일년에 딱 한 번 칠월칠석에 만나 헤어지는 아쉬움과 애틋한 감정을 4·4조 음률과 반복 형식의 율격으로 우리 민족의 정한(情恨)을 잘 표현한다.

기왕에 칠석요를 감상하였으니 칠석은 어떤 날인가를 살펴본다. 이날은 한식, 추석, 삼짇날 등과 더불어 세시명절 중의 하나다. 이날 부인들은 장독대에 밀전병과 햇과일 그리고 정안수를 차려놓고 가족의 무병장수와 집안의 평안을 빈다. 바느질 솜씨를 좋게 해달라는 처녀들의 걸교풍속(乞巧風俗)은 직녀성을 보고 기원하는데 그 영험을 확인하기 위하여 장독대에 정화수를 떠놓고 쟁반에는 고운 재를 담아 고르게 펴놓는다. 다음날 새벽

에 재에 무엇이 지나간 흔적이 있으면 침선(針線) 솜씨가 좋아진다고 좋아라하였다. 이북지방에는 밭에 나가 풍작을 기원하는 밭제(田祭)나 고사(告祀)를 지내기도 하였다.

장마에 축축해진 옷이나 책을 말리기 위하여 바람을 쏘이는 거풍(擧風)을 한다. 책과 관련된 날이므로 글공부하는 서당 학동들은 이날 시를 짓거나 공부 잘하기를 비는 풍속도 있었다.

견우, 직녀의 사랑이 얽힌 칠석노래가 있듯이 칠석과 관련된 사랑시나 전설・설화 등 문학・예술작품도 많다. 그중 몇 가지를 추려보면 중국의 주(周)나라 왕자 교(喬)는 봉황곡(鳳凰曲)을 울리면서 신선이 되어 도사(道士) 구부공(丘浮公)의 아내를 만나 사랑을 나눈 날이 칠석이다. 또 이날에 양귀비의 혼이 되살아나 장생전(長生殿)에서 꿈에도 그리던 당나라 명황(唐明皇)을 만나 사랑을 나눈다. 우리나라 춘향전에서도 오작교에서 성춘향과 이도령이 백년가약을 맺는다.

이렇듯이 선인들의 문학・예술혼이 엉긴 7월 7석은 나의 어린 시절의 낭만과 서정을 살찌웠으리라 믿는다. 그때가 그리워짐은 시골 농삿집 어린이로 자란 이들은 같지 싶다.

아! 세월은
많은 것을 주기도 하고
앗아도 가는 구나

바라노니
어린 시절 '들마루 여름밤의 꿈'은
가져가지 말아다오
파란 꿈을
먹고 살려하나니…
늘 내 곁에
'푸른 별빛'으로
빛나게 하라.

(2006. 8)

복(福)돼지 이야기

- 민족정서에 담긴

우리 민족 고유의 설날이 저만치 다가오고 있습니다.

육백 년 만에 찾아온다는 황금 복돼지의 해라고 매스컴에서 야단법석을 떨지만 황금 복돼지는 설날이 되어야 움직입니다. 아직은 복과 희망을 머리에 이고 새해 여러분의 가정마다 찾아가기 위하여 워밍업을 하고 있습니다.

진짜 설은 태음력을 기준으로 새해의 첫머리요 '설날'은 새해의 첫날입니다. 설, 즉 새해의 시간적 개념은 정월 초하루에서 정월 대보름까지 이어집니다. 부디 새해 아침부터 보름까지 마음의 문을 활짝 열어놓고 찾아가는 황금 복돼지를 맞이하여 '건강과 행복이 가득한 한 해', '모든 소원 성취하는 한 해' '대박을 터뜨리는 한 해'가 되기를 기원합니다. 우리 민족은 약 이천 년 전부터 집집마다 돼지를 길렀고, 어쩌다 돼지꿈을 꾸면 재물이 들어온다고 기뻐했습니다. 장사하는 집이나 이발소에는 새끼들이 어미젖을 빠는 돼지 그림을 걸어놓고 사업 잘 되기를 바랐습니다. 돼지 혈(穴)에 묘를 쓰면 부자가 된다고 믿었습니다. 이처럼 돼지를 부와 복, 벼슬과 명예의 상징으로, 돼지꿈은 용꿈과 쌍벽을 이루는 최상의 길조(吉兆)로 알고 살았습니다.

생태적(生態的) 특성에 따라 돼지는 둔하고 더럽고 탐욕스럽게 보아 '돼지우리에 주석 자물쇠' '개 돼지만도 못한 놈' '돼지 값은 칠푼이요, 나무 값은 서 돈' '돼지 멱따는 소리' '모주 먹은 돼지 청'이라고 비하(卑下)하는데 과연 돼지가 그럴까요?

1. 돼지는 십이지의 마지막 동물이고 지신(地神)으로 길상(吉祥)의 근원입니다. 제천(祭天)시 제물(祭物)로 신성시하였고 이후 각종 제물 중 으뜸으로 쳤으며 현재도 각종 고사상(告祀床)에 돼지머리를 씁니다.(『삼국사기』)

2. 돼지는 신통력이 있습니다. 고려 태조의 집터를 잡아주고 수도(首都)를 정해주었고 후사를 낳아주는 왕비를 알려주는 등 신통력이 있는 예언적 행위를 하였습니다.(『삼국사기』, 『삼국유사』)

3. 환경에 순응하는 독창적 사고력을 가졌습니다. 영리하고 저돌・대담・난폭하여 자기보호, 관리를 잘합니다. 후각이 발달

하여 몇 십 리 밖의 엽총 화약 냄새를 식별하고 땅속의 벌레, 풀뿌리 등 먹이를 찾아먹습니다. 땀샘이 없어 오줌 양이 많아 우리 안이 질퍽거리지만 장소를 마련해주면 그곳에서만 배설하고 누울 곳은 늘 깨끗이 보존합니다. 현대식 축사에 설치한 수도꼭지를 조작하는 능력도 있어 갈증을 수시로 해결합니다.

4. 잡식동물로 뭐든 잘 먹습니다. 소화기관이 발달해 배탈이 잘 나지 않으며 매끼 사료의 20%를 여분으로 남기는 점도 신기합니다.

5. 새끼를 많이 낳습니다. 임신기간이 114일로 1회에 10여 마리를 낳아 어미돼지 한 마리가 5년 동안 100마리 이상 새끼를 낳습니다.

다음 돼지에 관한 설화로는 '업(業)돼지 이야기'가 있습니다. 돼지는 길상으로 여겨 재산이나 복의 근원인 업과 집안의 수호신 재물신으로 인식되어 있습니다. 그 대표적인 설화로 전라도 지방에 남아 있는 업 돼지 이야기입니다. 어느 날 주인의 눈에만 보이는 돼지 한 마리가 집에 들어온 후 10년 만에 천석꾼 갑부가 되었고 주인은 벼슬도 높아졌습니다. 그런데 어느 날 돼지가 새끼를 데리고 집을 나가자 주인은 곧 집안이 망할 것이라고 탄식하고 있었는데, 나간 돼지들이 엽총꾼들을 유인하여 들어왔습니다. 마침 그날 밤 떼강도가 들었으나, 그 엽사들이 내쫓아 집안을 보호했다고 합니다.

그밖에 신라시대 강원도 금화군의 '금돼지와 최치원', 전북 순창군의 '원님 마누라 잡아간 금돼지' 등 비슷한 설화가 전합니다.

돼지해에 태어난 인물들은 대체적으로 인내심이 강하며 성실 정직하고 양심적인 성품이라 노력한 만큼의 결과만을 바라는 현실주의자입니다. 예외적으로 자유분방하고 충동적인 성향의 사람도 있습니다.

돼지해에 태어난 대표적인 인물은 신라의 김생, 조선의 이성계, 광해군, 비운의 개화파정객 김옥균, 이승만 대통령, 박인환 시인 등이 있습니다. 나라 밖으로는 독일의 비스마르크 재상, 프랑스 퐁피두 대통령, 중국 장개석 총통, 슈바이처 박사 등이 있습니다.

황금 돼지의 해라 돼지 칭찬이 좀 과했나 봅니다. 그러나 600년 만에 찾아온다고 하니 이만한 정도의 대접을 해도 지나친 것은 아니라고 봅니다.

아무튼 금년에는 모든 국민이 편안히 잘 살도록 실업자, 노숙자 없는 나라, 기업하기 좋은 나라, 북핵 폐기로 평화와 안전이 보장된 나라가 되었으면 좋겠습니다. 그리고 연말 대선에는 황금 복 돼지가 되어 국민을 방방곡곡 찾아다니며 건강과 행복, 희망과 용기를 안겨주는 후보가 당선되어, 이 나라 이 민족을 세계를 선도하는 나라와 민족으로 한 단계 올려놓기를 바랍니다. (2012. 6)

봄 생각, 임 생각

입춘(立春)이 지나고 설에 우수도 지났으니 이제 봄은 꽃과 향기를 안고 성큼성큼 다가올 것이다. 지구 온난화 현상으로 저 남쪽에는 홍매가 핀 지 달포가 지났다고 한다. 금수강산 삼천리는 뚜렷한 계절로 인하여 산과 들, 꽃과 나비, 기암괴석과 우거진 숲, 산첩첩 물중중한 가운데 조화(調和)를 무궁무진(無窮無盡)하게 부려 '산천경계(山川境界) 좋을씨구'가 저절로 나오는 강토다. 이렇게 좋은 자연환경에서 살아오는 동안 우리 민족은 심성(心性)이 곱고 신명(神明)이 넘쳐 '노래와 춤을 좋아한다'고 중국사서(中國史書)에도 기록되어 있다. 지금도 사람들은 모였다 하면 노래요 춤이다. 더군다나 '노래방'이 뒤풀이의 단골코스로 자리를 잡아가고 있지 않은가.

새봄을 맞이하는 자세로 꽃을 노래한 한시(漢詩)를 몇 수 소개한다. 꽃을 임으로 생각하고 감상하면 첫사랑이 아른거릴지도 모른다.

花笑檻前聲未聽 鳥啼林下淚難看(화소함전성미청 조제림하루난간)
花含春意無分別 物感人情有淺深(화함춘의무분별 물감인정유천심)

꽃은 난간 앞에 웃는데 소리는 들리지 않고
새는 수풀 아래서 우는데 눈물은 보이지 않네!
봄뜻을 머금은 꽃은 분별하지 않는데
만물을 느낀 사람의 정은 얕고 깊음이 있네.

꽃의 웃는 소리를 듣고, 새의 눈물을 본다면 아마도 도인·선객(道人·禪客)이라 할 것이다. 그러나 범부(凡夫)라도 꽃에서 웃음을 보고 소리도 들을 수 있어야 한다. 진정으로 사랑했던 그 마음을 하나로 모은다면 어찌 불가능하랴! 식물도 음악을 들려주면 잘 자라고 맛이 좋다는 것이 과학적으로 증명된 지 오래다. 꽃이 소리를 듣는다면 소리 내는 것은 당연한 이치다. 다만 사람이 듣지 못할 따름이다.

사람의 상상(想像)은 우주를 덮고도 남아 찰나(刹那)에 이 별에서 저 별로 옮겨가고 서울에 있다가도 파리를 다녀온다. 상상은 문학과 예술 시와 노래의 샘이다. '봄뜻을 머금은 꽃은 분별하지 않는데 만물을 느낀 사람의 정은 깊고 얕음이 있다' 함은 어디까지나 작가의 상상이라 논리적 접근은 불가능하다. 작가는 사물(事物)을 보고 느끼고 고뇌(苦惱)하면서 재해석(再解釋)하여 새로운 의미를 부여함으로서 하나의 작품을 완성한다. 때문에 작가는 제2의 창조자라고 한다.

파스칼은 '인간은 생각하는 갈대'라고 했다. 갈대의 표상은 '흔들림'이다. 생각하는 인간은 흔들리기만 하는가? 인생(人生)은 오감(五感)으로 헤아린 의식(意識)에서 부동(不動)의 신념(信念)이 싹트고 그 신념으로 일생을 꽃 피워 나가는 자기실현·자기완성(自己實現·自己完成)의 길을 뚜벅뚜벅 걸어가는 것이다. 따라서 인간의 개념이 정적(靜的)인 것이라면 인생의 의미는 동적(動的)이라고 본다. 따라서 사람은 '정중동 동중정(靜中動 動中靜)'의 복합개념(複合槪念)으로 보아야한다. 각설(却說)하고,

花落庭前憐不掃 月明窓外愛無眠(화락정전린불소 월명창외애무민)
花前酌酒呑紅色 月下烹茶飮白光(화전작주탄홍색 월하팽다음백광)

뜰 앞에 꽃이 지니 가여워서 쓸지 못하고
창밖에 달이 밝으니 좋아서 잠이 오지 않네.
꽃 앞에서 술잔을 기울여 붉은 색을 삼키고
달 아래 차를 끓여 흰빛을 마시네.

올봄은 꽃에서 첫사랑을 찾으며 아름답고 즐겁게 춤추고 노래하면서 유유자적한다면 한결 젊어지지 않을까. (2007. 3)

봉하마을 생각이 자꾸만

조선조 영조시대 작자미상의 한글소설 「옹고집전」이 전한다. 부자(富者)인 옹고집은 인색하고 고집이 셀뿐만 아니라 인심이 사나워서 패악(悖惡)을 즐기고 일삼았다. 이를 보다 못한 도력(道力) 높은 스님이 술수를 써서 제 잘못을 크게 깨우치게 하여 새 사람을 만들었다는 이야기를 익살과 풍자를 섞어 쓴 소설이다. 이 소설이 연극 · 영화로 발표 되었다.

고집의 다른 말로 벽창우가 있는데 평안북도 벽동(碧潼) 창성(昌城)에서 기르는 소가 우리나라 소 중에서 힘도 세고 고집도 세서 두 지방이름의 머리글자를 따서 벽창우(牛)라고 하는데 우의 발음이 평안도의 억센 발음으로 호로 변하여 '벽창호'라고 부른다.

옹고집 벽창호 고집쟁이라고 하는 고집은 어떤 뜻인가. 정확한 사전적 의미를 파악하기 위하여 유사한 뜻인 신념·의지·독선을 알아보고 끝으로 고집을 살펴보자.

첫째, 신념은 굳게 믿는 마음이요.

둘째, 의지는 뜻 또는 마음이다. 이를 깊게 풀이 해보면 ① 경험에 의하여 어떤 목적을 자각하고 그것을 달성하기 위하여 적극적으로 노력하는 행동으로 나타나는 마음의 작용을, ② 윤리적 도덕적 평가의 주체이자 객체를, ③ 사려·선택·결심을 하여 실행하는 능력·지식·감정과 대립되는 지·정·의를 포괄함을 말한다.

셋째, 독선은 자기 혼자만이 옳고 잘한다고 믿고 행동하여 객관적 타당성이 없고 이기적으로 생각하고 행동한다.

이제 고집을 살필 차례다. 자신의 의견만을 끈질기게 내세워 좀처럼 바꾸지 않고 굳세게 버티는 성미(性味)를 말한다.

참여정부 5년간의 업적과 실정(失政)은 다름 아닌 의지·신념·독선·고집의 산물일 것이다. 그중 입안에서 정책으로 결정되고, 실행계획에서 집행에 이르는 모든 과정에 많은 의견을 듣고 객관적 평가와 검증을 받은 사업은 반드시 국가사회발전에 기여한 업적으로 오래도록 빛날 것이다. 그러나 그렇지 않고 독선·고집으로 강행한 일은 국민을 피곤하고 불행하게 하여 국가사회 발전을 저해(沮害)시킨 실정으로 훗날까지 비판을 면치 못할 것이다.

훌륭한 치자(治者)는 입은 작고, 귀·눈·코는 크고, 다리는 튼튼해야 한다. 입은 국민이 알아듣기 쉽게, 곱고 부드럽게, 꼭 할 말만 하고, 큰 귀·눈·코와 튼튼한 다리로는 말을 많이 듣고 보고 느끼고 부지런히 민생을 살핀 걸 바탕으로 정치를 한다는 뜻이다. 이런 시대는 살기 좋아 태평성대라 한다.

상왕댁이 있는 봉하마을 생각이 자꾸 떠오른다. 빛나는 업적이 많으면 하늘에 햇빛이 쨍쨍할 것이요, 실정이 많다면 먹구름이 낄 것이다. 백성들의 신뢰수준이 20% 내외이니 집중호우가 쏟아지지는 않을지 걱정이다.

연말 대선정국이 점점 뜨겁게 달아오르고 있다. 입이 크고 눈·귀·코는 작고 다리가 허술한 사람은 경선에 나오지 말기 바란다. 범부의 고집·독선은 패가망신으로 끝나지만 치자의 독선은 국민을 불행하게, 나라를 피폐하게 만든다.

여론을 중시하되 반짝 인기를 탐하지 않고, 많은 인재의 머리를 빌어서라도 멀리 내다보고 정치할 사람이 주자(走者)로 나왔으면 좋겠다. 옹고집을 고치는 도력 높은 스님이 없는 세상이니 말이다.

(2007. 10)

사람과 자연이 형제로 산다면

인류가 미개(未開) · 야만(野蠻) 사회를 벗어나 오늘과 같은 풍요롭고 편리한 문화생활을 하게 된 것은 사람마다 가지고 있는 사고력(思考力)과 상상력(想像力)의 결과라 해도 지나친 말은 아니다.

이는 인류가 끊임없는 학습과 연구를 거듭하여 물질생활면에서 기술과 질서를 높은 수준으로 개선한 결과 의식주 생활이 향상되었다. 따라서 문학 · 예술 · 도덕 · 종교 등 정신생활도 발전할 수 있었다.

그만큼 인간이 가지고 있는 사고 · 상상 · 학습 능력이 인류사회 발전의 핵(核)이 된 것이다. 그런데 어느 때부터인지 물질문명과 정신문화의 조화와 균형이 깨지면서 물질문명이 핵폭발(核

爆發)을 거듭하면서 물질만능(物質萬能), 황금전능(黃金全能)으로 치달아 온난화로 지구의 종말을 염려하는 소리가 들리고, 또 그 징후(徵候)가 보이고 있다.

지구 온난화·기후변화로 인한 토네이도·쓰나미·황사·사막화·집중호우·폭설·빙하소실 등이 심각한 현실 문제로 대두되고 있다. 이러다가는 대재앙(大災殃)이 언제 어느 곳에서 인류를 삼켜버릴지 모를 일이다.

이렇게 문명이니 문화니 시시콜콜하게 사설을 늘어놓는 것은 인간이 이기적인 동물에서 자연과 뭇 생명을 아끼고 살피고 도우면서 사는 이타적(利他的) 사람으로 거듭 태어나자는 것이다.

조금은 덜먹고 덜 즐기고 덜 쓰고 덜 편하게 살면서 산과 들과 물을 사랑하고 즐기며 그 의미를 되찾아보자는 것이다. 구름과 눈과 그리고 비를, 해와 달과 그리고 별을 노래하며 살아갈 때가 바로 지금이라는 것을 말하기 위해서다. 그런 뜻으로 한시(漢詩) 2편을 소개한다.

『소창자기(小窓自紀)』에 있는 중국 명나라 오종선(吳從先)의 시를 감상하자.

春雲宜山 夏雲宜樹(춘운의산 하운의수)
秋雲宜水 冬雲宜野(추운의수 동운의야)

봄구름은 산과 잘 어울리고
여름구름은 나무와 잘 맞고
가을구름은 물 위에 떠야 조화롭고
겨울구름은 넓은 들이 제격이다.

계절에 따라 달라지는 구름을 노래한 시다. 작가의 강개(慷慨)하고 소박한 성품이 묻어난다.

『유몽속영(幽夢續影)』에 있는 중국 청나라 주석수(朱錫綬)의 시를 읊어보자.

雪之妙在能積(설지묘재능적)
雲之妙在不留(운지묘재불류)
月之妙在圓缺(월지묘재원결)

눈의 아름다움은 쌓이는데 있고
구름의 아름다움은 흐르는데 있고
달의 아름다움은 차고 이지러지는데 있다.

눈과 구름과 그리고 달이 가장 아름다운 모습을 드러내는 정경(情景)을 노래한 시다. 작가의 섬세한 정서를 엿볼 수 있다.

이렇게 인간의 마음이, 사람의 정서가 맑아진다면 청정한 지구·활기찬 생명들과 어울려 신바람 나는 행복한 세상이 열릴 것이다. 옛 말대로 우순풍조(雨順豊調) 시화연풍(時和年豊)의 시절이 오고 태평성대(太平聖代)에 국운융성(國運隆盛)하여 개개인이, 각각의 민족이, 국민들이 서로 걸림 없이 어울려 조화를 이루며 행복하게 살 것이다. 지구는 천 가지 만 가지 꽃으로 덮일 것이며 인간들의 몸에서는 향기가 피어나 살기 좋은 세상이 열릴 것이다. 어화 둥둥 내 사랑 지구촌마을 얼~쑤! 춤추며 즐길 것이다. (2008. 5)

사형수, 세상 밖으로

이번 석탄일은 '과연 가석방이 주어질까?' 하며 초조하던 내 마음에 기쁨이 넘치는 축복의 날이었다. 석방된 그를 생각하면 그 사람 어머니의 두 손 모은 간절한 모습이 떠오른다.

'사형수 양동수'

금년 석가탄일은 그가 사형수의 굴레를 벗어버리고 세상 밖으로 나온 날이다. 그의 이름 석 자는 많은 사람들의 뇌리 속에 남아있을 것이다. 박삼중 스님의 「모정불심」이라는 강연과 여러 글의 주제는 바로 양동수와 그 어머니의 사연으로써, 굳이 그의 실명을 숨길 필요를 느끼지 않는다.

양동수 본인도 교도소 수용생활 21년을 불교에 귀의하여 마음 밭을 일구는 세월로 승화시키면서 이미 상당한 경지에 다다른 터라, 굳이 실명을 숨기려 하거나 거부감을 갖지 않으리라는 확신에서이다.

내가 그를 처음 만난 것은 1978년 대구교도소 보안과장으로 근무하던 때였다. 당시 세상을 떠들썩하게 한 죄명으로 체포된 양동수는 마침내 사형을 선고받고 그 집행만 기다고 있었다. 이미 사형이 확정되어 돌이킬 수 없는 상황이었으나, 그의 늙으신 어머니는 재판기간 내내 하루도 빠짐없이 아들을 면회하며 건곤일척 죽기 살기로 부처님께 매달렸고, '죽어가는 내 아들 살려주십사'고 지극정성으로 기도하였다.

또한 아들이 갇혀있는 교도소를 향해 절을 하며 아들이 새사람 되기를 발원하였다. '아들은 교도소의 차가운 마룻바닥에서 자는데 죄 많은 어미가 따뜻한 방에서 잘 수 없다.'면서 자신도 냉방에서 엄동설한을 지내었다고 한다. 양동수가 다른 교도소로 이송 갈 때면, 그 어머니도 따라 다니면서 아들을 면회하고 자식의 죄지음을 당신 자신의 죄로 받아들여 날마다 참회하고 간절히 소원하는 그 모정이 어찌 사람들의 심금을 울리지 않았겠는가?

한 입 건너 두 입으로 그 애달픈 사연이 구전되면서 보는 이 듣는 이의 마음을 움직이더니 마침내 재소자의 아버지라는 박삼중 스님의 귀에 이르게 되었다. 스님께서 그 죄의 처음부터 끝까지 소상하게 알아본 다음 드디어 '양동수 구명운동'을 시작하였다. 대구교도소 담장 옆의 자그마한 방 하나를 얻어서 자식 살리는 원을 세우고, 불철주야로 매달리며 빌고 또 빌던 그의 어머니를 만났을 때, 그 지극한 모정이 마치 부처님 같은지라 나도 또한 마음이 움직이고 관심을 기울이지 않을 수 없었다.

일찍부터 불교에 입문하여 부처님의 말씀으로 재소자 교정교화 실현에 골몰하던 나는 그를 소홀히 할 수도 없었다. 지성이면 감천이라던가?

하루는 스님께서 MBC라디오 법창야화 PD에게 양동수를 특별면회 시켜주면 이에 영감을 얻어 연속극으로 전국에 방송한다니 선처를 해달라고 사정을 하시는 것이다. 나는 고민 끝에 면회를 주선해 주었다. 한 달쯤 지나서 그 사연이 메아리치기 시작하였다. 자식을 둔 부모들을 감동시키고, 어머니의 무한한 사랑에 대한 인식을 다시금 일깨우게 되었다.

당시의 박대통령께서도 이 소식을 듣고 특단의 은전을 내리시니 그는 사형수에서 무기수로 감형을 받아 다시 생명을 얻게 되었다. 그 기쁨 어찌 헤아릴 수 있겠는가? 언제 자신의 목에 밧줄이 걸릴지 몰라 악몽 속에서 전전긍긍하며 나날을 지내던 양동수가 재생의 기쁨이 부처님의 자비로우심과 어머니의 극진하신 치성임을 깨닫고, 불교에 정진함은 당연한 일이 아니겠는가?

내가 대구교도소를 떠나 전국 각지로 근무처를 옮기다가 95년 7월 1일 대전교도소장으로 부임하여 1개월도 채 안되었는데 양동수가 이송을 왔다. 20여 년 전 실낱같은 인연으로 인하여 항상 마음에 두었고, 그간의 소식은 매스컴이나 풍문을 통해 잘 알고 있었지만 직접 만나보고 싶어서 상담실로 불러보니 그는 수도승처럼 단아하게 변해 있었다. 오랜 세월 험한 곳에서 살다 보면 그 환경 때문에 억센 기운이 돌고 눈초리가 매서워지는 법인데, 내가 만난 양동수의 어린아이 같은 맑은 눈과 겸손한 행동은 보는 사람을 편안하게 했다. 그 순간 '이 사람은 더 이상 교도소에 머무르게 할 필요가 없다'는 확신이 생겼고 마침 기회가 닿아 가석방을 상신청하니 안우만 장관께서 허가해 주셨다.

옷깃만 스쳐도 인연이라던가? 구명운동의 단초를 열고 보니 나가는 문고리도 내가 잡아준 꼴이 되었다. 나로서는 기쁘기 한량없고 그 인연에 감사할 따름이다. 21년의 징역살이를 마감하고 출소하여 이제는 고인이 되신 그 어머니의 묘소를 찾아가는 양동수의 모습에서 이 세상에 모정보다 더 강하고 호소력 있는 것이 어디 있겠는가를 생각해보지 않을 수 없다.

교도소 담 안에 있는 동안 불교에 귀의하여 이미 포교사 자격을 취득하고 여러 재소자들에게 종교적 사표로 활동하면서 그들과 아픔을 같이하던 양동수 포교사는 이제 떠났다. 사회 속으로….

때때로 그에 대한 풍문이 아름답게 들려온다. 중생을 계도하고 갈증을 채워주는 포교사로서 떳떳하게 우뚝 선 그를 생각하면 교정기관에 몸담고 있는 나로서는 대견스럽고 흐뭇하기만 하다.

'불자가 되어 봉사하는 삶을 살라'시던 그 어머니의 당부대로 불자의 길을 가고 있는 양 포교사에게 감히 혜초선사께서 천축에 도착하면서 지었다는 선시로 축하를 대신하고자 한다.

보리수가 멀음을 근심치 않는데
어찌 녹야원이 멀리요.
오로지 매달린 것 같은 험한 길이 근심이로다.
이미 휘몰아치는 바람도 잊었도다.
여덟 탑은 보기가 어렵고
험난한 세월에 타버렸구나.
어떻게 그 사람의 소원이 이루어질까?
눈으로 목도함이 오늘 아침이로다.

(1996. 8)

선비처럼 사는 사람들

'유유상종'이라는 말이 있다. 사람들은 취미라든가 직업·동문·동기·동향 등 여러 가지 명분에 따라 끼리끼리 모이는 동아리를 몇 개씩은 가지고 산다. 백수인 나도 예외는 아니어서 대여섯 개 모임을 갖고 있으면서 심심치 않게 활동을 하고 있다. 모임마다 맛과 향기가 다르고 분위기가 특이해서 좋다. 만약 색깔과 모양이 같다면 여러 모임이 필요치 않을 것이다. 내가 참여하는 모임 중에는 전직이 같고 조직에서의 역할이 비슷한 사람들이 모이는 동아리가 있다.

오늘은 정우회 하는 날, 만나는 회원들 얼굴마다 주름살이 깊어지고 흰머리 성성하지만 안색이 맑고 온화하며 은은한 기품까지 묻어난다. 이들은 교정직공무원들로 평생을 굽은 사람

바로 펴서 대나무같이 곧고 정직한 사람, 세파에 젖어 시궁창 냄새 풍기는 사람들을 솔향기 나도록 깨끗이 씻어 인격자로 만드는 일에 종사하다가 명예롭게 물러 나와 청빈낙도를 즐기는 선비들이다.

그들은 국민들이 교정행정을 보는 눈이 따뜻하고 밝지 못한 서운함을 삭히면서, 성품이 거칠고 왜곡된 범죄인들을 새사람으로 거듭나도록 교화하여 자유 시민으로 복귀시킨 사람들이다. 사명감과 자부심은 대단하여 직업의식을 성직으로 알고 실천하여 누가 뭐래도 교정사업을 훌륭히 마친 사람들이다.

세상일에 쉬운 일이 있을까 만은 사고위험이 상존하여 한시도 긴장을 놓을 수 없는 가운데 지휘관으로 직원들에게는 따뜻한 바람막이가, 수용자들에게는 자비스런 어버이가 되어 맡은 바 업무를 성실히 완수하고 명예롭게 물러난 사람들의 모임이라, 분위기가 솔내음처럼 은은하고 대나무 바람처럼 시원하다.

공기 중에 가장 깨끗한 것은 소나무의 공기요, 이슬 중에 가장 정결한 것은 댓잎에 맺힌 이슬이다. 소나무 밑은 대부분 빨간 황토 흙인데 이곳에는 공기가 너무 맑아 잡초가 나거나 흙이 썩지 않기 때문이요, 서걱거리는 대나무 잎에는 먼지 등 불결한 것이 붙어있지를 못하여 이파리에 맺힌 이슬은 깨끗하다. 솔바람과 댓잎에 맺힌 이슬은 청정한 것을 표현하는 대표적인 말이다. 한자(漢字)로는 '죽로송풍(竹露松風)'이라고 한다. 이는 깨끗하고 올곧은 선비정신의 표상이기도 하다.

선비의 사전적(辭典的) 의미는 학식이 있고 행실과 예절이 바르며 의리와 원칙을 지키고 명리를 탐하지 않는 고결한 인품을 갖춘 사람을 뜻한다. 그간 우리회원들은 나라와 사회에 대한 책무를 다하느라 머리는 반백이 되고 기력은 쇠진해졌다. 그러나 인생을 배웠고 절제를 익혔으며 분수와 예절을 지켰고 권력행사보다는 봉사를, 재물보다는 청빈을 앞에 세웠기에 직장과 가정에서 당당하고 떳떳한 품위를 지킬 수 있었다. 이는 바로 선비정신으로 살았기 때문에 가능한 것이다.

공직의 울타리를 벗어난 지금 나는 다시 한 번 '다짐' 한다. 나의 이 다짐에 동아리들도 공감하리라 생각한다. 그것은 별난 것이 아니라 '선비정신'에 흠뻑 빠져 살아가는 것이다. 그러기 위해선 먼저 마음을 허공처럼 비워야 한다. 어느 정치인이 하는 말처럼 마음속에는 명예, 권력, 재물 등 온갖 것에 대한 탐욕으로 가득 찼으면서 국민 앞에서는 마음을 비웠다고 큰소리치는 그런 것이 아니라 하늘 같이 텅 비워야 한다. 진실로 마음을 비운 사람은 비웠다는 말을 하지 않는다.

비우는 방법이 따로 있는 것이 아니다. 무조건 모든 집착을 탁! 놓아 버리면 된다. 내려놓고 비우고 풀고 좋아하고 너그러우면 날마다 즐겁고 기쁜 삶을 누릴 수 있다. 욕심을 부려봤자, 집착을 해봤자 마음과 몸을 태울 뿐이다. 오장육부가 문드러지고 사지가 말을 듣지 않게 된다. 타고난 수명을 다 하지 못하고 세상을 하직한다.

'나물 먹고 물 마시고 팔을 베고 누웠으니 대장부 살림살이 이만하면 만족하다.'라는 민요가락을 십팔번으로 부르자. 이런 사람에게 무슨 근심과 걱정이 있으랴? 이런 사람은 맑은 가을 하늘 같은 빈 마음으로 산다. 선비의 얼굴은 보름달같이 맑고, 태양같이 빛나는 눈을 가졌다.

이 얼마나 상쾌한 '다짐'인가? 선비처럼 살다가 바람처럼 떠나자! 뚜렷한 생사관을 갖고 살면 죽음이 두렵지 않고 편안하다고 한다.

대장부는 이렇듯 멋있게 산다. (2005. 4)

세배하는 이에게는 복이 있나니

새해에 복 많이 받으세요. 지난 1월 29일은 병술년(丙戌年) 설날이었습니다. 우리 민족의 최대명절인 설날에 세배(歲拜) 많이 하시고 받으셨나요. 복도 많이 받으시고, 많이 베푸셨나요. 설이 지난 지 얼마 안 되니 설 이야기를 하겠습니다.

설날은 묵은해를 보내고 새해를 맞는 첫날입니다. 예로부터 이날은 성스러운 날로 생각하여 조상(祖上)님께 차례를 올리고 어른을 찾아뵙고 인사를 드리면서 음식과 덕담(德談)을 주고받습니다.

산업사회(產業社會)인 현재는 설날을 전후한 세시풍속(歲時風俗)이 많이 퇴색(退色)하였고 세배도 가족중심으로 하지만 쉰세대의 아쉬움을 달래기 위하여 타임머신을 타고 1960년대 이전으로 돌아가 세배풍속(歲拜風俗)을 그려봅니다.

정월(正月) 초하룻날은 아침 일찍 일어나 남녀노소(男女老少) 모두 새옷(설빔)을 차려입고 차례를 지낸 후 자리를 정리(整理)하여 순서(順序)에 따라 앉습니다. 조부모(祖父母)와 부모(父母)에게 먼저 절을 올리고 형·누나 등 차례로 아랫사람이 윗사람에게 절을 하여 새해 첫 인사를 드립니다. 그리고 차례를 지낸 음식으로 아침식사를 마친 뒤에는 일가친척과 이웃어른을 찾아다니면서 세배를 드립니다. 세배를 드려야 할 어른이 먼 곳에 사실 때에는 정월 보름까지, 늦어도 정월 안에 찾아뵙고 세배를 드리면 예절에 크게 어긋나지 않는 것으로 되어있습니다. 옛날에는 3~40리까지 걸어가서 세배를 드리는 경우가 많았습니다. 세배하러 온 이에게는 술과 음식을 대접하는 것이 관례이나 아이들은 술을 주지 않고 약간의 돈이나 떡·과일을 주었습니다. 상중(喪中)에 있는 사람은 정월보름까지는 출입(出入)을 하지 않는 것이 관례(慣例)입니다. 궤연(几筵)을 모신 집에 가면 먼저 궤연에 조문(弔問)을 한 후 상주(喪主)에게 인사를 한 다음 웃어른부터 차례로 세배를 합니다. 이는 조상(祖上)을 먼저 섬기는 뜻입니다. 웃어른에게 세배할 때는 절을 하면서 "새해에는 더욱 건강하시기 바랍니다." "새해에는 복 많이 받으시고 건강하게 오래오래 사십시오." 등 인사말을 올리고 세배 받는 분은 "새해에는 승진하기 바라네." "새해에는 소원성취하기 바라네." 등 덕담(德談)으로 답례(答禮)를 합니다.

일설(一說)에서는 어른의 덕담을 들은 후 아랫사람이 어른께 덕담을 올린다고도 하고 아랫사람은 덕담을 하지 아니한다고도 합니다. 예절(禮節)도 시류(時流)에 따라 달라지는 것이니 덕담의 선후(先後) 등이 큰 문제는 아니라고 봅니다. 꾸밈없이 자연스럽게 주고받는 것이 인사라면 세배도 역시 인사일진대 덕담도 쌍방향으로 하되 굳이 이러니저러니 탓할 일은 아니라고 봅니다.

이제 타임머신에서 내려 나의 처지를 살펴봅니다.

어느 사이에 세배 드릴 어른들은 모두 세상을 뜨시고 받기만 하는 입장이 되였습니다. 대소가(大小家) 어른들 중 나이가 제일 높으셨던 어머님께서 상수(上壽-100세)를 일기(一期)로 세상을 뜨시고 나니 세배 드릴 어른이 없습니다. 나의 의지처(依支處)요 집안을 받쳐주는 기둥이셨던 어른들께서 안 계신 지금 너무나 허전하고 쓸쓸합니다. 집안 어른들이 안 계신 분들은 가끔 순환의 끝자리, 천 길 낭떠러지에 혼자 서 있는 느낌이 들 것입니다.

'철들자 망령 든다'라고 하더니만 뒤늦게 깨쳤습니다. 비록 자리만 보전할지라도 세배드릴 어른이 계시다는 것은 축복(祝福)이라는 것을, 어른들은 나의 수호신(守護神)입니다. 그분들이 계셔서 내가 있는 것이니까요.

106

엊그제 병술년 설날이 지났습니다. 정월보름까지는 세배를 하여도 됩니다. 부지런히 어른들을 찾아다니며 세배를 드립시다. 그리고 복 많이 받아 여기 저기 나누어 줍시다.

세배하는 사람에게는 복이 있나니…. (2006. 2)

잃어버린 웃음을 찾아서

백표(白票) 한 장이면 전동차를 타고 서울 시내는 물론 소요산에서 인천・천안・오이도까지 무임으로 오고갈 수 있으니 무료한 늙은이들에게는 나들이에 안성맞춤입니다. 나도 백표신사(白表紳士)요 지공도사(地空道師)라 전동차를 자주 이용하는데 자연스럽게 또래인 6070세대에 시선이 자주 갑니다.

그런데 나이 탓도 있겠지만 하나같이 팔자 주름이 깊어진 입을 다물고 눈 밑 심술주머니하며 이마・목주름이 자글거리고 흰 머리까지 넘어가서 어쩌다 시선이 마주치면 무섭게 느껴지기도 합니다. 동류의식에 같은 팔자라서 그런지는 몰라도 참으로 딱하다 못해 서글픈 생각이 듭니다. 그래도 어릴 때 할아버지 할머니 표정은 온화하고 부드러워 하시라도 달려가 안길 수 있었는데 나의 얼굴은, 이 시대 노인들의 얼굴은 어찌 그리 굳어 있는지!

육학년과 칠학년은 가난하고 불안한 격동의 시대를 치열하게 살아온 탓으로 '웃음'을 모르거나 잊어버린 것은 아닌가 하는 생각이 듭니다. 먼저 민족수난기 국가나 집안 살림이 넉넉하지 못한 가운데 태어나 유아기·아동기·청소년기를 고달프게 보냈습니다. '잘살아보자'는 압축성장기에는 청장년으로 불꽃 튀는 경쟁 속에서 살아남기 위하여 앞만 보고 달려왔습니다. 그리고 민주항쟁기를 지나 경제침체기인 지금, 직장에서 물러나 또 다른 세상에 적응하느라 힘도 들고 때로는 실망도 하고 혼란도 겪으면서 살고 있습니다. 이와 같이 연속되는 긴장·격무와 시대상황이 맞물려 웃을 사이도 없이 살아온 게 숨길 수 없는 사실입니다.

그러나 이와 같은 틀에서 완전히 벗어난 지금, 스스로의 몸과 마음을 잘 추슬러 여생을 꽃처럼 아름답게 살다가 향기롭게 마침표를 찍는 일이 소원입니다. 그러기 위하여 우리들은 잃어버린 웃음을 되찾아 땅이 꺼지도록 실컷 웃어도 보고 속으로만 삭였던 희로애락의 감정을 마음 놓고 폭죽처럼 터뜨려서 크고 작은 스트레스에서 탈출하여야 합니다.

특히 괴로움·슬픔을 웃음의 용광로(鎔鑛爐)에 넣어 아낌없이 태워버리면 기쁘고 활달(豁達)하게 살 수 있습니다. '웃을 일'이 없는데, '괴로워 죽을 지경'인데 어떻게 웃음이 나오느냐고 반론을 제기합니다. 그러나 웃음요법의 창시자인 영국의 심리학자 로버트 홀덴은 말합니다.

"사람은 웃음을 찾는 잠재능력을 갖추고 태어나기 때문에 순간 괴로움을 접고 나에게는 참으로 행복한 때는 없었나? 즐거운 시간이 정말 없었는가? 자문(自問) 하다보면 순간적으로 즐겁고 행복한 한 때가 떠오른다. 바로 그 상상의 끈을 놓치지 말고 계속하여 그 때 어디서 누구와 무엇을 했지… 하면서 연속적으로 상상의 영역을 깊고 넓게 펴다보면 자연히 얼굴에는 미소가 함박 머금어지고 행복(幸福)과 환희(歡喜)가 온몸에 가득 찬다. 이런 자세로 현재의 생활 속에서 기쁨과 행복을 찾아라."고 합니다.

그 밖에 '미소 짓기', '따라 웃기', '함께 웃기' 등으로 가정·직장에서 웃다보면 행복·능률이 급상승하는 효과를 거둔다고 합니다. 그리고 웃음요법은 말기 암환자 등 질병치료에도 탁월한 효과를 나타내어 현재 한국에서도 웃음치료사가 인기직종이 되었습니다.

'웃어야 웃을 일이 생긴다'는 말은 우리 조상님들이 '소문만복래(笑門萬福來)'라, 웃음이 그치지 않는 집에는 복이 많이 들어온다고 하여 로버트 홀덴보다 수백 년 전에 이미 발견하고 권장한 바 있습니다. 바로 이것을 이름 하여 시쳇말로 웃음치료법이라 합니다.

우리 선조가 개발하고 서양에서 증명한 만병통치약 '웃음'을 찾아 즐겁게 삽시다. 지금 당장 웃어봅시다. 아~하하. 으~하하. 깔깔. 껄껄. 낄낄! 하하(下下-내리다) 허허(虛虛-비우다) 해해(解解-풀다) 호호(好好-좋아하다) 후후(厚厚-베풀다) 히히(喜喜-기쁘다) 이렇게 웃으면 됩니다. 어떤 웃음이든지 마음대로 골라잡읍시다. 선택은 자유입니다. 아~ 글쎄, 자유라니까요.

돈도 들지 않고, 힘도 들지 않은 웃음, 건강과 행복을 샘솟게 하는 웃음을 남의 눈치 볼 것 있습니까? 요절복통(腰折腹痛), 포복절도(抱腹絶倒), 박장대소(拍掌大笑) 하면서 삽시다.

6학년, 7학년 여러분들의 건강한 웃음, 행복한 가정이 훤하게 보입니다.

(2009. 9)

자식 잘못 기른 탓

매월 25일은 초등학교 반창회 하는 날이다. 오늘도 차를 타려고 지하철역으로 가는 길이다. '나이가 벼슬이라'더니 나도 이제 나이가 들어 무임승차를 할 수 있는 우대권을 받아들고 전동차로 나들이를 한다. 참으로 고마운 일이다. 어디 그뿐인가, 차내에는 노약자석을 마련해 주었는데도 젊은이들은 벌떡 일어나 자리를 양보한다. 살맛나는 나라다.

즐거운 마음으로 반창회 모임 장소인 음식점에 들어서니 종업원들이 반갑게 인사하고 안내한다. 반창들을 만나면 누가 먼저랄 것 없이 안부요, 덕담이다. "자네 안색이 좋아졌어, 얼굴이 깨끗해", "요사이 좋은 일 있나봐, 신수가 훤한데", "자네 손주 보았다며? 조상님께 할 일 다 했네, 얼마나 좋은가", "내자께서 건강이 몰라보게 좋아졌다며? 한시름 덜었네 그려", "사업을 물려받은 아들이 사업 수완이 좋아 회사를 더 키웠다며? 역시 부전자전이야." 이렇게 듣기 좋은 말, 하기 좋은 이야기를 주고받으면 금세 반창회는 기쁨과 즐거움이 넘쳐흐른다.

말은 하기에 따라 복이 되기도 하고 화를 불러오기도 한다. 그래서 말 한마디로 천냥 빚을 갚는다고도 하고, 길흉화복이 혀끝에 달렸다고도 한다.

즐거운 반창회를 끝내고 귀가 길로 들어섰다. 지하철 승강장에는 신문 가판대가 있는데 서너 사람이 모여 주간지, 일간지에 눈을 두다가 전동차가 들어오면 우르르 달려가 차에 오른다. 다음 차가 올 때까지 또 한 사람 두 사람 가판대에 몰려들어 같은 행동을 한다. 나도 그중에 한 사람이 되어 기사제목만이라도 훑어보는 게 버릇이 되었다. 한가할 때면 전동차 한두 대 정도는 보내면서 진지하게 살피다가, 가판대 주인에게 미안한 생각이 들고 또 기사내용이 궁금하면 신문을 사들고 차에 오른다.

오늘의 주간지 주요기사 제목인 '헌재가 무리 했나', '속 터지는 임금제도', '좌초한 천도 찢기는 민심', '3차 오일쇼크 오나', '여권 대 조선·동아 전쟁 온다', '천도혁명 진압 후 폭풍', '우리는 북한의 마루타였다', '소신이냐 충성이냐', '위기탈출 숨겨진 마지막 카드', '대통령 쟁취', '박정희 확인사살', '충청도 봉기 헌재를 습격하라', '노무현 극한의 승부수 던진다', '헌재에 물어봐', '한나라당 대선실패 - 헌재 판결 누가 유리' 등으로 메모해 가는 심정이 불안하다. 신문은 사회의 거울이라 했는데 이렇게도 싸움판이 치열하다니.

나름대로 원인을 짚어본다. 한동안 상감의 말씀이 민초들의 마음을 따갑고 불안하게 하더니 요사이는 잠잠하다. 그러자 영상을 비롯한 그 수하들의 언사가 천박하고 거칠게 쏟아낸다. '조선 · 동아 까불지 마', '내 손 안에 있다', '쥐뿔도 모르는 놈', '헌재 재판관 갑신칠적', '차떼기 정당일 뿐', '개똥대가리'라고 하더니 답장도 '깍두기 머리 임금님'까지 등장한다. 네티즌들의 입은 더 험악하다. 악에 받쳐 미쳐 돌아가는 판세다. 이러니 주간신문의 주요기사 제목이 섬뜩해질 수밖에…. 이러다가는 순박한 백의민족의 성품마저 망가질까 걱정이 태산이다.

60, 70세대들은 일제식민통치 · 민족해방 · 민국수립 · 동족상쟁 · 자유당독재 · 4 · 19혁명 · 군사독재 · 반독재투쟁 등 환란과 질곡, 핍박과 갈등, 빈곤과 고초 속에서 어렵게 배우고 못 입고 배곯은 세대이다. 서독 광부 · 간호원, 열사의 나라 중동 · 동남아시아 여러 나라의 건설기능공으로, 구로공단 근로자로 밤낮없이 땀 흘려 일하면서도, '비나이다. 비나이다. 너만은 배곯지 말고 제때 밥 많이 먹고, 좋은 옷 깨끗이 입고, 궁색하지 않게 쓰고, 많이 배우면서 어서 어서 자라서 대통령 장관도 되고 훌륭한 사람 되어 애비, 어미 한이나 풀어다오' 손이 발이 되게 빌면서 치성을 드려 키운 아들딸인데! 뼛골 부서지도록 온 정성

다 바쳐 가르친 자식들인데! 나라를 이 지경으로 만들어 놓는단 말인가? 정동영 판서는 '노인들은 집에 가서 조용히 쉬라' 하나 걱정이 없어 마음이 편해야 쉬거나 말거나 하지, 참으로 통탄스럽고 한심한 일이라고 자식교육을 잘못 시킨 죄로 가슴을 치고 후회하면서 제 발등을 찍는다.

제발 정신을 가다듬어 초심으로 돌아와야 한다. 싸움판 걷어치우고 민초들 마음을 편안하고 훈훈하게 해야 한다. 눈물을 닦고 일어나 활기차게 생업에 종사하도록 적어도 상감은 상감답게, 판서나 의원들은 그들다운 말씀을 깊이깊이 생각한 후에 정확하게, 알아듣기 쉽게, 천금같이 무거우면서도 따뜻하게 말씀을 해야 한다. 그리고 말에는 반드시 실천이 따라야 한다. 빈말은 불신·불만·불안을 양산할 뿐이다.

오늘의 반창회 모임 같은 화목한 사회, 즐거운 세상이 되지 못하는 연유가 사랑이 듬뿍 담긴 회초리를 들지 못한 채 오냐오냐 왕자, 공주로 키우면서, 사랑과 용서, 양보와 타협 등 아름다운 말들을 많이많이 들려주고, 가슴 가득 담아주지 못한 어리석음에 있음을 뒤늦게 깨우치고는 입을 다문다.

다만 바탕이 거칠고 독하지 않은 민초들이, 싸움보다는 타협과 양보를 좋아하는 백성이 더욱 많다는 것만은 진실로 믿고 싶다.

(2004. 12)

가난뱅이와 부자

자유경쟁사회에 살다보면 빈부(貧富)와 다과(多寡)의 격차가 생기게 마련이다. 가진 자는 부자이고 못 가진 자는 가난한 사람이다. 경쟁에서 이긴 자는 가진 자이고, 진 자는 못 가진 사람이다. 우등생은 가진 자이고 열등생은 못 가진 사람이다.

사회학에서 말하는 가진 자와 못 가진 사람은 유(有)·무(無)의 뜻이 아니고, 많고 적음의 개념이다. 경쟁사회에 살다보면 부(富)나 권력(權力) 지식(知識) 등의 가치를 많이 가진 자가 있는가 하면 못 가진 사람이 있는데, 경제학자 파레토는 이런 경우에는 20대 80의 법칙이 지배한다고 했다. 다시 말하면, 전체 인구의 20%가 전체 부의 80%를 소유한다는 것이다.

이 법칙은 자유경쟁을 하는 한 어느 시대, 어느 사회에도 똑

같이 적용된다고 한다. 그런데 부자나 가난한 사람이나 각기 주어진 일이 있는데 그 일을 다 하지 않으면 사회는 병들고 끝내는 파국으로 치닫는다고 한다. 그 일이 무엇인지 살펴보겠다.

가진 자의 자세와 할 일

첫째, 나는 소유자가 아니고 관리자일 뿐이라고 생각해야 한다.

둘째, 교만하지 말아야한다. 부·권력·지식·미모·건강·명예 등은 남을 위해 있는 것이라 믿어야한다.

셋째, 분배는 선택이 아니고 책임임을 깨달아 자기보다 못한 사람들에게 나누어주어야 한다.

넷째, 가졌다고 행복한 것이 아님을 알아야한다. 필요 이상의 돈이 화를 부를 수도, 권력이 부담이 될 수도, 지식이 병이 될 수도 있다.

다섯째, 부나 권력은 부지불식간에, 부도덕한 행위나 행운으로 얻어지는 경우가 많다.

여섯째, 가진 자는 사회에 빚을 진 자이다. 빚을 갚고 겸손하게 살아야 한다. 바로 이것이 노블리스 오블리제(Noblesse Oblige)다.

못 가진 사람의 자세와 할 일

첫째, 가난한 것은 나의 책임임을 통감해야 한다. 못 가진 것이 남의 탓이나, 운이 나빠서, 정직하게 살아서, 신의를 지키다 보니 가난하다고 생각할 수 있다. 그러나 일단 자기 책임으로 돌리는 것이 순서이자 올바른 자세다. 이런 사람은 가진 사람을 증오하거나 부정적으로 보지 않는다. 가진 자의 베풂에 감사하고 보답할 줄 안다.

둘째, 반항하지 말아야 한다. 가지지 못한 것을 부도를 맞아서, 불의의 사고로, 못 배워서 등 남이나 세상 탓을 하다보면, 성격이 반항·거부·저돌·비관·공격적으로 변할 수 있다. 이 점을 소화하여 사회에 적응·순응해야 한다.

셋째, 성실히 노력하여 역전의 기회를 잡아야 한다. 돈이나 운(運)은 돌고 돈다는 의미다. 음지가 양지되기도, 뒤처진 사람이 앞설 수도 있다. 카네기는 극빈상태에서 탈출 거부가 되었고, 바웬사는 노동자에서 대통령이 되었다.

넷째, 승자와 패자는 아주 작은 차이로 갈린다. 각종 운동경기에서 승자와 패자의 차이는 무시해도 될 만큼 극히 작은 차이일 뿐이다. 운동경기뿐만 아니라 자유경쟁사회에서의 승패의 차이도 마찬가지다. 그러나 결과는 하늘과 땅만큼 달라진다.

모든 경쟁에서의 차이 극복은 쉽다고 볼 수도 없지만, 전혀 불가능한 것은 아니다. 카네기는 부자 된 비결을 "남보다 조금, 아주 조금 더 노력했다."라고 한다. 맞는 말이다. 한 발만 더

빨리 뛰자. 5분만 더 일찍 일어나자. 조금만 더 인내하자. 책 한 권만 더 읽자는 각오와 실천을 하면 승자가 될 수 있다.

다섯째, 못 가진 것이 복이 될 수도 있다. 가난해도 얼마든지 행복하고, 기쁘고, 즐거울 수도, 보람된 인생을 살아갈 수도 있다. 권력을 내려놓으면 오히려 자유로울 수도 있다. 그러니 기죽을 이유는 없지 싶다.

고희에 이르도록 살면서 터득한 바, 가진 자와 못 가진 사람의 세상 살아가는데 할 일과 삼가야 할 일을 제시하였다. 한마디로 묶어 말한다면, '세상사 마음먹기에 달렸다'는 성현의 말씀을 끝으로 글문을 나온다. (2013. 2)

3.

행복한 삶

즐거운 날, 행복한 삶을 위하여

올해도 이 시대 우리들의 삶을 형상화한 작품을 엮은 양천문단 제8호가 세상에 나옵니다.

이 책이 상재되기까지는 구정 각 분야에 문화의 향기를 불어넣어 행복한 도시, 으뜸양천 건설에 애를 쓰시는 추재엽 구청장님의 각별한 성원이 있어 가능하였습니다. 양천문인들의 따뜻한 마음을 모아 감사드립니다.

이 책에 수록된 작품들은 우리들의 삶 속에 묻어나는 한숨이요, 통곡인 동시에 꽃이요, 노래요, 희망입니다. 양천문인들이 구도자의 자세로 치열하게 탐구하여 기록한 작품들로 이를 독자들 앞에 제시하고 있습니다.

문학은 언어를 매개로 한 인생의 표현으로 독자들에게 삶의 의미를 제시하기도 하고 즐거움을 주기도 합니다. 따라서 문학이 내포하고 있는 항구성 · 보편성과 개성이라는 세 가지 특질을 균형 있게 조화시켜야만 살아 숨 쉬는 작품으로 호기심을 유발하여 읽히고 감명을 주어, 시대가 바뀌고 역사가 흘러도 영원히 남아 전승되는 것입니다.

흔히 '작가는 제2의 창조자'라고들 합니다. 인생과 우주, 그리고 삼라만상을 의식 속으로 끌어들여 다시 해석하고 재조립하여 형상화함으로써 의미를 부여하여 사람들의 공감을 불러일으키기 때문입니다.

'한 권의 책이 인생을 바꾼다'라는 말을 듣습니다. 작가는 때때로 자기의 작품을 읽는 독자들이 인생을 고민하고 삶의 방향을 바꾸는데 있어 동기를 부여하였는지, 희망과 용기 · 행복과 기쁨을 주어 일상의 생활이 조금이라도 윤택하여졌는지를 심각하게 고민하는 것도 의미가 있다고 봅니다. 그에 앞서 스스로 열심히 공부하고 사람들과 어울려 원만하게 살고 있는지 그리고 세상의 명리(名利)를 좇아 표리부동하게 살지는 아니하였는지를 끊임없이 성찰하여야 할 것입니다. 이러한 자기성찰, 자기성취의 자세야말로 창작의 원천이요, 보람의 산실이요, 행복의 요람이니까요.

우리나라 국민의 독서량이 그다지 높지 않은 현실을 감안할 때, 양천문인들은 더욱 더 분발하여 좋은 작품으로 독자들에게 다가가 독서 열기에 불을 질러야 하겠습니다. 그리고 이 열기가 전국적으로 파급될 때에 찬란한 문화를 꽃피울 수 있다고 봅니다. 정부나 행정당국도 '문화는 국가의 초석이요, 민족의 꽃이요, 삶의 향기'라는 굳은 신념으로 국민독서운동의 전개에 적극적으로 동참, 지원하여 문화 창달에 힘을 쏟아 주기 바랍니다.

양천문단 제8집이 햇빛을 볼 수 있도록 성원해 주신, 문학을 사랑하는 50만 구민과 구의회 그리고 당국의 여러분께 양천문인들의 붉은 마음을 담은 꽃다발을 드립니다. 감사합니다.

(2008. 3)

진땀 빼고 왔습니다

사람은 땀과 눈물과 한숨을 체험하여야만 인생의 참맛을 안다고들 한다. 한평생 살아가면서 한숨을 쉬어보지 않은 사람, 땀과 눈물을 흘리지 않은 사람은 없을 것이다. 그것이 괴로워서든 억울해서든 허기져서든 말이다. 그러나 그것이 증오와 원한과 좌절로 이어지면 그 인생은 그늘 속으로 잦아들지만, 용서와 사랑과 용기로 승화시키는 삶이라면 물과 햇빛과 바람을 먹고 탐스런 열매를 주렁주렁 맺게 될 것이다.

나는 교도소장을 10여 년을 하면서 재소자들의 한숨과 눈물과 땀을 용서와 사랑과 용기로 승화시키는 일에 조금이나마 기여해 왔다고 생각한다.

안양교도소장 할 때는 기관장 경력이 10년을 넘을 때라 나름대로 경륜이 쌓이고 자신감이 생겨 재소자 교화방법 중 귀휴(歸休)제도를 적극 활용하기로 했다. 군대로 말하면 휴가와 같은 것이다. 형기의 절반을 복역하고 행형 성적이 우수하며 가정에 특별한 사유가 있을 때 1주일 범위 내에서 귀가시켜 일을 볼 수 있게 하는 제도이다.

그러나 돌아오지 않으면 전적으로 기관장이 책임을 떠맡아야 하는 관계로 시행을 기피하는 것이 일반적인 경향이다. 돌아갈 집이 있고 가족이 있는 재소자라면 끊겼던 혈육의 정을 이어주고 가정의 소중함을 느끼게 하는 것이 최상의 교화방법임을 확신하고 매주 3~4명씩 귀휴를 보내어 1년 6개월 재임 중 70여 명을 집에 보냈으나 모두 다 돌아와 주었다.

이와 같이 성공할 수 있었던 것은 심사를 공명정대하게 하여 귀휴자에게 티끌만큼도 부담을 주지 않고 정성을 기울였기에 지금까지도 큰 보람으로 남아있다.

대를 있게 해달라는 노모의 간청으로 귀휴를 보낸 사례를 소개하겠다. 노모의 사정을 들어보니 -삼대독자로 오냐 오냐 자란 탓에 세상 어려운 줄 모르고 친구와 패거리로 어울려 다니다가 폭력전과자가 되였는데 다행히도 교도소 들어오기 1년 전에 결혼을 했다고 한다. 손자를 보아야 조상 앞으로 갈 수 있겠다고 애걸이다. 듣고 나니 마음이 찡하여 귀휴를 보내기로 마음먹고 노모로부터 입수한 며느리의 생리정보에 맞게 일정을 잡아 7일간 귀휴를 보냈다.

돌아와 나에게 신고할 때 나는 "이 사람아, 성공했나?"라고 진지하게 물어보니 약간 어색하고 부끄러워하면서 "잘 모르겠습니다."

"진땀을 흘려야지! 정성을 기울이지 않으면 성공이란 어려워!"

"기다려 봐야겠습니다."

"그래! 한 번 기다려 보자."라고 하면서 희망을 주웠다.

그 후 입태(入胎) 소식은 그 노모의 긴 사연이 담긴 편지를 받아보고 알았으나 그 뒤 소식은 알지 못하고 대전으로 자리를 옮긴 일이 있다.

다른 한 사람은 7년 동안 강도죄로 복역을 하고 있는 사람이다. 부인이 면회와서는 못살겠으니 합의 이혼서에 도장 찍어 달라고 하여 간신히 달래어 돌려보내면 며칠 후 또 다시 찾아와 같은 요구를 한다는 것이다. 나중에는 아예 면회를 거절하여 되돌려 보내고는 고민 속에서 빠져있는데 그대로 놔두면 자살할 것 같다는 보안과장의 정보다.

나는 그를 집무실로 불러 상담을 하기 시작하였다. 두세 번 만나 대충 그 깊은 사연을 알고는 귀휴심사위원회에 회부하여 심층토론을 전개하였다. 참모들은 전원이 반대하고 나섰다. 만

약에 집에 가서 의견 조율이 잘 안되고 갈등이 심화되면, 예측할 수 없는 사고를 일으킬 수도 있다는 것이다. 그러면 도하신문에서 대서특필하는 최악의 사태가 발생한다면 소장님도 무사하지 못할 뿐만 아니라 저희들도 끝장이라고 협박을 한다.

나는 주춤거릴 수밖에 없었다. 그리고 고민하였다. 그냥 놔두자니 자살할 것 같고 집에 보내자니 참모의 반대가 심하고, 2~3주 고민 끝에 다시 참모들을 불러 설득을 한 후 그 부인을 집무실로 불렀다. 그간의 사연을 들어보니 바탕은 선량한 것 같았고 아이들도 둘이나 있었다.

나는 그 재소자를 다시 불러 작전을 짰다. ① 이혼사유의 부당성을 조리 있게 설득하는 요령, ② 자식들을 우군으로 만드는 방법, ③ 격조했던 아내의 심신을 녹여주는 부드럽고 강렬한 기법, ④ 대화의 시작에서 끝까지 인내하면서 아내의 말을 진솔하게 경청하는 자세 등, 이를테면 소장과 재소자가 공모를 한 후 좋은 날을 택하여 7일간 귀휴를 보냈다.

집에 가면 수시로 전화보고 하도록 하였다. 그놈의 전화벨이 울리면 가슴이 철렁 내려앉는 것이었다. 3일째 되던 날은 약간의 희망 섞인 전화를 받고서 안심을 했다. 밤새도록 부둥켜안고 울었다는 내용이다. 나는 나머지 4일 동안은 전화하지 말고 "진땀이나 흘리라"고만 했다. 그 뜻이 무엇인가를 알고 있는 그는

"네! 알았습니다."라고 수화기를 내려놓는다. 그 사람은 긴장과 흥분으로 너무나도 짧은 7일이었지만 내보낸 나는 길고도 지루하고 조마조마한 날들이었다.

돌아와 신고하는 얼굴을 보니 환하고 생기 있어 보였다.

"잘 다녀왔나."

"네, 해결했습니다."

"그래! 진땀깨나 흘렸겠구나."

"작전이 성공한 것 같습니다."라고 의미 있는 대답을 하는 그였다.

그 후 그 부인은 이혼서류를 가지고 오지 않았고, 어느 날 재소자 가족의 전화라고 하면서 "받으시겠습니까?"라는 부속실의 전갈에 받아보니 예의 그 부인하는 말, "소장님! 고맙습니다. 한때 제가 잘못 생각하였습니다."라고 한다. 나는 그저 "감사합니다."는 말만 되풀이했다.

이번에는 평범한 조건에 부담 없이 보내준 재소자 이야기다. 5년 간 징역사는 사이에 아버지는 돌아가고 노모만이 고향을 지키고 있는데 동생들이 착실하게 직장에 다니면서 형이 출소하면 결혼하고 마음잡아 생활할 수 있도록 적금을 부어놓은 사실을 뒤늦게 알고는 감격하여 울었고, 아버지 산소에 가서는 "불효자는 웁니다."라고 한없이 울고 나니 몸도 마음도 새로워졌다는 것이다. 나머지 5일 동안 어머니와 산비탈 콩밭을 다 메고 왔다는 것이다. 나갈 때의 희멀끔한 얼굴과는 달리 햇볕에 탄 까만 얼굴을 보니 더 할 말이 없었다.

나머지 휴가자의 사연을 대충 추리면 -임종 전의 어머니를 지극한 정성으로 간병을 하고 온 사람, -비련의 주인공들이 만나 약혼을 하고 온 사람, -시집가는 딸의 손을 잡고 식장에 들어가 혼사를 무사히 마치고 온 사람, -어버이 생일날에 장수를 빌고 가족과 즐거운 한때를 보내고 온 사람 등 일일이 거론할 수 없을 정도이다.

30년 간 '삐뚤어진 사람' 바로 잡는 일에 종사하고 터득한 소득이 있다면 땀과 눈물과 한숨의 참뜻일 것이다. 그것을 미움과 원망, 분노와 좌절로 이어지게 해서는 안 된다. 재소자들을 깊이 신뢰하는 가운데 그들의 진한 땀과 눈물 그리고 깊은 한숨을 희망과 용기와 사랑으로 승화시키는 것만이 새사람으로 거듭나게 할 수 있다는 것이다. 이 일은 가정과 사회 그리고 교정인의 정성이 하나로 모아질 때만이 가능한 일인 것이다.

(1994. 8)

추석놀이

처서가 지나니 지루한 장마도 무더위도 물러나기 시작한다. 금년 추석은 예년에 비하여 10여 일이나 빠르다. 추석은 설과 더불어 우리 민족의 가장 큰 명절로 중추절 또는 한가위라고도 한다. 한가위는 수확의 계절에다 1년 중 가장 큰 만월(滿月)이 뜨는 날이니 농경민족인 우리 조상들은 마음이 즐겁고 음식은 풍족하여 여러 가지 놀이를 곁들여 춤추고 노래 불렀다.

산업사회로 접어든 지금 이런 아름다운 풍속은 사라지고 연휴를 즐기려고 국내외 관광 나들이를 하는 사람들로 터미널과 공항은 북적댄다. 그러나 형편이 여의치 못한 서민들은 가족끼리 모여 조상님 제례(祭禮)를 모시고 제찬(祭粲)과 절식(節食)을 나누어 먹는 것으로 만족해한다.

기왕에 추석명절 이야기를 꺼냈으니 반세기 이전의 옛날 풍경이지만 역사 공부하는 셈치고 추석놀이 문화에 한껏 젖어보기로 한다.

농부들이 농악을 울리면 노래와 춤이 자연스럽게 어우러진다. 놀이패가 부잣집이나 농사를 잘 지은 집에 찾아가면 술과 음식을 넉넉하게 내어놓아 대접을 한다. 이때 '소놀이'와 '거북놀이'를 한다.

1. '소놀이'는 두 사람이 멍석을 쓰고 앞사람은 방망이 두 개를 머리에 올려 뿔로, 뒷사람은 궁둥이에 새끼줄을 늘어뜨려 꼬리로 삼는다. 어슬렁어슬렁 황소걸음으로 웃음을 자아낸다.

2. '거북놀이'는 두 사람이 둥근 멍석을 쓰고 앉아서 머리와 꼬리를 만들어 거북이 시늉을 하면서 느릿느릿 움직인다. 사람들은 거북이를 앞세우고 이집 저집 찾아가서 "바다에서 거북이가 왔는데 목이 마르다."고 하면 음식과 술을 내어놓아 넉넉히 대접한다. 이렇게 모여진 음식은 가난해 명절음식을 장만하지 못한 집에 나누어주기도 하고 놀이꾼들이 나누어 먹기도 한다.

3. '줄다리기'는 마을사람이 편을 가르거나 여러 마을이 편을 짜거나 또는 남녀가 편을 갈라서 줄을 당긴다. 줄의 크기나 참가인원의 규모는 일정하지 않다. 암줄이 이기면 풍년이 드는 것

으로 해석하였다. 줄다리기는 추석 명절만이 아니라 정초 상원과 단오에도 하는 농경의례의 일종이다.

4. '씨름'은 잔디밭이나 백사장에서 구경꾼들에 둘러싸여 어린이는 '아기씨름' 어른은 '장사씨름'으로 힘과 기량을 겨룬다. 최후의 승자에게는 '장사라' 부르고 광목 한 필 또는 쌀 한 가마나 송아지 한 마리를 상품으로 준다.

5. '활쏘기'는 사정(射亭)에 모인 궁사(弓師)들이 일정한 거리에 과녁을 설치하고 시위를 당겨 과녁을 맞히는 경기이다. 활쏘기는 상무정신을 기르고 심신을 단련한다. 여러 궁사들이 차례로 활을 쏘아 맞추면 깃발을 흔들어 "명중이요!" 소리친다. 이에 맞추어 "지화자 좋다" 가무(歌舞)로 격려한다.

6. '강강술래'는 전라도 서남해안지방의 부녀자들의 놀이다. 휘영청 밝은 달 아래 곱게 단장한 아낙네들이 모여 손에 손을 잡고 노래와 장단에 맞추어 둥글게 둥글게 돌면서 춤을 춘다. 원무외에도 '고사리 꺾기' '덕석몰이' '남생이놀이' 등 여러 종류가 있고 이에 따라 부르는 가사(歌詞)도 다르다.

7. 서당(書堂)에 다니는 학동(學童)들의 놀이 중에는 '가마싸움'과 '원님놀이'도 있다. 가마싸움과 원님놀이는 서당훈장(書堂訓長)이 차례를 지내려 귀향하면 자연히 휴학이 되어 모처럼 만에 공부에서 해방된 학동들이 모여 노는 놀이다. 가마싸움은 학동

들이 가마를 만들어 넓은 마당에 끌고나와 상대편 가마와 부닥친다. 몇 번이고 반복하다 보면 망가지게 되는데 먼저 망가진 편이 진다.

8. '원님놀이'는 명절휴학 중에 학업이 우수하고 재치 있는 학동 한 사람을 골라 원님으로 모신다. 그리고 학동 중에 원고 피고를 정하여 송사(訟事)를 벌인다. 원님은 판관이 되어 시비정사(是非正邪)를 가려 판결한다. 이때 있는 지혜를 다 짜내어 경서(經書)·사서(史書)·민담(民譚)·설화(說話) 등을 인용하여 누구도 이의를 달지 못하도록 판결하면 명판관(名判官)이 된다. 이를테면 모의재판인 셈이다.

9. 남도지방에는 닭싸움과 소싸움을 즐기는데, '닭싸움'은 싸움 잘 하는 수탉을 보양보식을 먹이면서 정성껏 힘을 길러 싸움을 시킨다. 닭이 싸움할 때는 부리로 상대의 닭을 찍고 물고 늘어지는데 볏에 유혈(流血)이 낭자(狼藉)해도 지지 않으려고 사력(死力)을 다한다. 서로 찍으려고 몸을 부닥치고 높이 날아올랐다가 상대의 볏을 내리찍는다. 싸움에 지면 승리한 닭의 집 마당에는 놀러가지도 못하고 싸움에 이긴 닭은 동네 암탉을 모두 차지한다. 지금은 도박의 수단으로 변해 버려 입맛이 쓰다.

10. '소싸움'은 넓고 든든한 우리를 만들어 싸움소 두 마리의 고삐를 풀어 우리 안으로 집어넣는다. 싸움소는 서로 노려보다가

앞발로 땅을 긁어 흙을 파헤치면서 성난 표시로 결전의 의지를 보인다. 이윽고 달려들어 머리와 뿔로 치받고 비비고 밀고 밀리면서 싸움은 계속된다. 물러섰다가 다시 달려들어 '쿵' 하고 부닥치는 소리가 들리고 상처가 나거나 고통스럽거나 힘에 밀린 놈은 도망간다. 승패가 결정난 것이다.

이밖에도 어린이들의 '콩서리'와 제주도의 '조리희(照里戱)'와 '포계희(捕鷄戱)'가 있다.

이제 추석명절이 10여 일 앞으로 다가오고 있다. 금년 명절에는 일가친척이 모여 맛있게 먹고 즐겁게 놀면서 화목을 다지면서 인정을 나누기를 바란다. '가화만사성(家和萬事成)'이라고 하니 말이다.

(2012. 5)

혁명 실패한 오용권 후손은 누구?

- 入鄕祖 叔仝公 行狀研究

이성계가 조선을 창업하고 세월이 흘러 1398년(태조7년) 계비 신덕왕후 소생 방석이 왕위를 물려받았다. 정비 신의왕후 소생 왕자들의 불만이 끓어오르자 정도전 등 개국공신들은 방원을 부추겨 난을 일으켜 세자 방석 등 정적을 쓸어버리고 정비소생 방과를 옹립하니 이분이 제2대 정종이다. 이 사건을 제1차 왕자의 난 또는 '정도전의 난'이라고도 한다.

정종이 적자를 두지 못하고 후궁소생인 서자들만 있어 또다시 왕위계승 문제로 미묘한 기류가 흘렀다. 1차 왕자의 란에 공을 세우고도 일등공신 책봉에 빠져 불만이 탱천하던 박포가 방간을 부추겨 1400년 1월에 정안공 방원에게 도전하니 제2차 왕자의 난 또는 박포의 난이라고도 한다.

2차 왕자의 난의 주범인 방간 휘하 상장군 오용권은 방간의 명을 받아 정종 앞에 엎드려 '정안공이 나를 해하려 하므로 부득이 군사를 일으켜 쳐부수러 갑니다. 주상께서는 놀라지 마십시오.'라고 방간의 밀지대로 고하였다. 정종은 도승지 이문화를 방간에게 보내 '네가 난언에 속아 동기를 해치려고 하니 패악이 심하다. 당장 군사를 버리고 단기(單騎)로 대궐에 들어오면 장래를 보장하겠다'는 전갈을 보내었으나 이미 태상왕(이성계)에게도 알리고 민원공 • 이성기 • 이맹종 등을 지휘 치열하게 도전하였으나 세 부족으로 패배하고 말았다. 그 후 정안공 방원은 그해 11월 정종의 양위로 제3대 태종위에 오른다.

역적으로 몰린 오용권 장군은 누구인가를 밝혀야 하는데 '내 아들 내 손자요' 하고 나섰다가는 멸문지화를 당할 판이니 쉬쉬할 밖에 도리가 없는 것이다. 생각건대 혁명에 실패한 방간의 휘하 장군으로 반란을 상감에게 주청한 자이니 그 자리에서 붙들려 역적으로 주살당하여 시신조차 수습하지 못하고 버려졌을 것이다. 그리고 그 여파로 삼족이 죽임을 당함은 물론 조선조 내내 역적의 후손으로 손가락질을 당하고 죄인처럼 살아야하니 누가 오용권을 내 핏줄이라고 하겠는가. 하루 빨리 이름 석 자가 세인의 머릿속에서 지워지기를 바랐을 것이다.

추측컨대 연대로 보아 보성오씨 시조 현자 필자의 8세손 이조판서 점의 동기간일 가능성이 충분하다. 왜냐하면 제2차 왕자의 난이 진압된 후 피바람은 전라도 보성 오씨 세거지에도 몰아닥쳤을 것이다. 제9세조 숙자 동자 입향조께서는 그 광풍을 뚫고 구사일생 북으로, 북으로 몸을 숨기면서 도망 오다보니 충북 청원군 현도면 양지리 월태촌까지 오게 된 것으로 보인다.

지금도 보성 땅에는 오씨가 망해서 쫓겨간 마을이 오망골이라는 이름으로 구전되어 오고 있다. 그리고 상대 선조의 유택은 모두 실전하였다가 그중에 이조판서 휘 점공의 유택은 단기 4272년에 뜻밖에 지석을 발굴하여 봉분과 비석·상석·문인석 등 석물을 조성하니 비로소 위의를 찾았다.

월태촌에 오신 숙자 동자 조의 그 후 행적을 보면 몇 달을 남의 눈을 피해가면서 먹지도 못하고 먼 거리를 쫓기듯 헤매었으니 사람형색이라고 볼 수 없었을 것이다. 거지꼴을 하고 어느 집 담벼락에 기대어 자고 있는데 그 집이 원계생(종) 병사의 집이었다. 마침 그날 밤 원병사의 꿈에 용 한 마리가 담벼락에 똬리를 틀고 앉아 있는 것이 아닌가? 하도 이상하여 그 자리에 가보니 비렁뱅이가 자고 있었다. 깨워서 사랑방에 데리고 와보니 행색은 거지나 용모는 준수하여 대장부기질이라 원병사는 하인을 시켜 물을 데워 목욕을 시키고 옷을 갈아 입혔다. 밥을 지어 시장기를 면하게 하여주고 다시 보니 역시 귀골이라 이런 저런 이야기 끝에 자초지종을 알아차린 원병사는 신분을 철저하게 묻어두고 사위를 삼았다.

나라가 태평하고 생활이 안정될 무렵 벼슬길에 나아가 진의부위에 오르고 슬하에 사남매를 두시니 아들 장자는 세종조에 진의부위요, 차남도 세종조에 소위장군부사과요, 삼남은 세종조 소위장군 부사과라. 후일 이조판서 홍문관대제학 지경연춘추관 오위도총부 도총관 겸 지의금부사 증직을 받았다.

진의부위 숙자 동자 조는 청원군 현도면 달계리 금계포란(金鷄抱卵) 명당에 안치된 유택에 영면하시다. 그리고 입향시의 저택도 600여 년이 지난 현재 유택에서 약 4㎞ 서남쪽 양지리 월태촌에 고색창연하게 보존되어 있다. 이 어른은 바로 나의 17대조이시다.

종보에 투고하는 속뜻은 오용권 상장군이 어느 관파에 속하는지? 눈 밝은 보학자(譜學者) 역사학자가 규명해주기를 바라는데 있다. 그 결과에 따라 수정보완의 여지가 있다는 점을 인정하면서 깊은 사색의 여행을 접는다. (2010. 2)

마패, 일본열도를 들어내다

8월 초순 소설 「낙조」의 작가 김용길 선생께서 "일제식민통치시대 먹고 살기가 힘들어 15살 어린 나이에 일본으로 밀입국하여 고물수집·신문배달 등 밑바닥에서 출발, 대기업을 일군 재일동포 실업가가 자서전을 쓰는데 감수를 해달라는 부탁받아 13일 일본에 갑니다. 일주일이면 일을 마치니 21일쯤 일본에 와서 나와 같이 일본열도 종단문학기행을 합시다."라는 제의를 받고 나는 쾌히 약속을 하였다.

김 선생은 소설가로서도 일가를 이루었을 뿐만 아니라, 대한적십자사에 근무하는 동안 각 분야에 많은 업적을 쌓았으며 교육원장을 끝으로 공직에서 물러났다. 일본의 말과 문화·역사 등에 정통하고 경험이 풍부하여 배울 점이 많아 나는 평소에 그분의 인품을 존경해 마지않았다. 김 선생과의 여행은 나로서는 그야말로 천재일우의 기회가 아닐 수 없다.

금년 2월에 여권만기가 지났으니 먼저 여권발급을 받았다. 그리고 4박 5일간의 일정은 김 선생이 짜서 이메일로 보냈고 그에 따라 준비가 끝날 즈음 드디어 출국일이 다가왔다. 항공권・JR패스・가방구입은 둘째 딸이, 옷가지 등 소지품은 아내가 챙겨주는 수고를 하였다.

제1일 2007년 8월 21일(화)

09:40 인천국제공항발 후쿠오카행 아시아나 OZ 132비행기를 타기 위하여 평소 기상시간인 05:00에 일어나 준비사항을 재점검하는데 고등학교 국어교사인 막내딸이 승용차로 공항까지 모신다고 한다. 그러나 출근시간에 쫓길 딸을 염려하여 서둘러 06:00 갈산초교 앞에서 '황당해하는 딸애의 얼굴표정' 그리면서 서울대와 인천공항을 오가는 공항버스를 탔다. 버스창밖의 하늘은 잔뜩 찌푸리고 산과 들은 내려앉은 하늘의 무게에 지쳐있는 듯하다. 공항철도 전동차와 앞서거니 뒤서거니 경주하듯 달리는 버스가 공항에 도착한 시간은 출발 2시간 30분전이다.

출국장 3층으로 올라가 항공권을 발급받은 후, 출국수속을 마치니 여유로웠다. 여유로우면 문향(文香)을 사르고 싶은 충동이 인다. 흡연 장소를 찾아 나섰으나 보이지 않는다. 할 수 없어 출입문 밖으로 나오니 항아리 담배꽁초 통이 있고 3~4명이 파란 향기를 날리고 있지 않은가. 동지를 만난 듯 반갑다. 나는 흡연을 하는 게 아니라 문향(文香)을 사르는 것이라고 외치듯 뽐내듯 한 대 태우고 다시 출국장 7번 탑승구 앞에 마냥 앉아 있을 판이다.

그러나 어디 가당키나 한 일인가. 상쾌한 냉방에 기분이 좋다. 내가 타고 갈 항공기가 게이트에 입을 맞춘 모습을 비롯하여 눈에 들어오는 사람들의 모양새·피부색·활주로에 자고 있는 여러 나라 항공기를 감상하면서 어슬렁거리다 하늘을 보니 하늘이 열리느라 안간힘을 쓴다. 햇살이 구름 사이를 비집고 쏟아진다. 항공기를 탑승하라는 안내방송이 나온다. 급한 성격은 잠시 외출했는지 그냥 버티고 앉아있다. 다른 사람들도 내 눈치를 보는지 좀처럼 움직이지 않는다. 게이트 키퍼걸이 안내판을 들고 소리쳐도 미동도 않는다. 역시 여유 만만한 국제신사들이다. 결국 좀이 쑤신 내가 앞장서니 드디어 대오를 갖추기 시작한다. 내가 1번 탑승손님이 된 셈이다. 특별할 것은 없지만… 불같이 바람같이 달려온 인생, 끝이 보이는 지금도 이렇게 좀을 쑤시고 있다니….

자리를 안내받아 앉는다. 잠시 후 만석이다. 육중한 기체가 활주로 출발선으로 지루하게 움직이기 시작한다. 출발선에 도착, 요란한 엔진소리와 더불어 가속을 한다. 드디어 이륙, 창공에 올라 6천피트 상공을 701㎞/h로 서해상공을 날더니 다시 내륙 청주·부산으로 방향을 잡는 표시가 앞좌석 뒷면에 붙은 전자안내판에 흐른다. 기내식이 배달된다. 아침을 거른 내장이 반긴다. 다 비운 후 차를 마신다.

깃발을 졸졸 따라다니던 관광에 익숙한 터에 이번 여행은 일종의 자유여행이라 약간은 설레고 두렵다. 작은 가방 하나만 들고 혼자 나서니 김 선생에게 큰 짐이 되지는 않을까 걱정이다. 하여튼 도착시간 11:00에 김 선생이 후쿠오카 공항에 나와 기다린다는 약속만을 믿고 진정할 수밖에 다른 방도는 없다. 나로서는 눈치 빠르게 움직여 길라잡이인 김 선생의 피로를 덜어주는 것이 최선일 듯, 각오를 단단히 한다.

그분과 나는 두 번째 일본여행이다. 작년 이맘때 박삼중 스님 초청으로 규슈지방 불교성지순례에 2박 3일간 동행한 룸메이트로 지기지우 이상으로 잘 아는 사이다.

이제 착륙 10분전을 알린다. 현해탄·후쿠오카 상공은 쾌청하다. 바다에 뜬 여러 종류의 선박이 한 점 그림처럼 눈에 들어온다. 일본 해변마을에는 민가·학교·공장·APT 등이 조화롭게 스친다.

드디어 바퀴 빠지는 둔탁한 소리가 들리더니 기체가 심하게 요동친다. 착륙하여 입국장으로 느릿느릿 가고 있다. 11:00 정각 입국수속을 마치고 입국장에 들어가니 첫눈에 김 선생이 들어온다. '사돈 장에서 만난 듯' 참으로 반갑다.

김 선생의 뒤를 따라 공항 순환버스를 타고 국내선 청사 2층 식당가에서 해로(海老) 덴뿌라 등으로 마음에 점을 친다. 바다고기 중에 등 굽은 생선은 새우 밖에 없어 바다늙은이라 부른다는 김 선생의 설명에 덴뿌라 맛이 새롭다. 출국 전 약속대로 1인당 4박 5일 경비를 모았다. 각자가 JR패스를 구입하였으니 식대와 숙박비 · 시내교통비(전철 · 버스 · 택시 등)로 각자 5만 엔이면 가능하다는 김 선생의 뜻에 따랐다.

여기서 순환버스 운행요령을 본 대로 적어본다. 여러 곳의 울타리 철조망에 달린 출입문을 통과하는데 버스가 문 앞에 서면 문이 자동적으로 열린다. 버스가 문을 나서자 다시 선다. 문이 닫히면 출발한다. 문이 닫히기 전에 출발하여 뒤따라온 다른 차가 탈출하지 못하도록 문이 닫힐 때까지 지켜주는 것이다. 보안이 철저하다.

13:00 후쿠오카 공항 지하철역에서 하카다행 전동차를 탔다. 지하철 전동차내 경로석은 있으나 잘 지켜지지 않았고, 광고판으로 가득했다. 경로우대권도 없다. 스크린도어처럼 승강장 차

단시설도 없다. 대체로 지하철 역사가 우리나라보다 오래되어 많이 늙었으나 사용에는 불편이 없다.

하카다 지하철역 하차 중앙출구에서 한국에서 구입한 증서로 진짜JR 페스와 교환하여 최초로 12:59 신칸센 히카리호 신오사카→ 나라행을 타는데 사용하였다. 차내가 한가하다. 한가하면 생각이 많아진다. 6070세대 일본인들 외모를 살펴본다. 전형적인 왜족으로 신장이 150㎝미만이고 머리가 벗겨진 사람들을 많이 만난다. DNA 인자가 강한 종족인가 싶다. 전통적으로 근친혼이 성행하였고 성 또한 개방된 사회인데 원주민+외래인=도로 원주민이 되었는지?

시계를 착용하지 않아 불편해 하는 나를 보고 김 선생은 휴대용 만보기를 허리띠에 채워준다. 중앙에 대고 덜렁거리는 쇼를 하니 "망신스러우니 주머니에 넣으라." 한다. 역시 양반가 자손은 어디가 달라도 다르다. 13:00경 차 중 오밀조밀한 도시락 1개를 나눠 먹는 맛도 특별하다. 달리는 양쪽 차창 밖으로 노랗게 익어가는 들판 · 전통 농가주택 · 창고 · 공장이 잘 어우러져 있는 것으로 보아 도 · 농 협업체재 잘 된 듯하다. 히키리열차(시속550㎞)전자 게시판에는 '할아버지 타살한 남자 고교생 체포 · 증권 반발 소폭 반등 · 신칸센 이용에 감사' 등 문자가 반복하여 흐른다.

신칸센은 터널과 교량으로 이어진 것은 우리나라 고속철도와 같다. 오사카에서 나라까지 오는 역명 8개 중 천왕사, 구보사, 왕사, 법륭사 등 절반을 차지한 것은 불교국가임을 증명하고도 남는다. 1400년 전 천왕사 창건 목수인 금강의 후손이 대를 이어 천왕사 수리를 직업으로 일가(一家)를 번창시켜 금강가(金剛家)를 이루었고 천왕사 옆에 (주)금강조(柱)金剛組)를 설립하여 현제 사찰수리업으로는 일본제일의 자리를 점하고 있다.

16:49 나라역전 도착 후, Super Hotel에 갔으나 만실로 사절, 동 지배인의 안내로 Sun호텔로가 조식 포함 1인 1실 5,000엔+조식 800엔= 5,800엔에 706호실에 입실 완료하고, 찌든 몸을 닦고 쉬었다가 나라 중심가를 건국의 후손답게 당당하게 순찰한 후 상가에서 저녁을 먹고 돌아와 큰 대자로 누워 잠을 청했다. 첫날이 저문 것이다.

제2일 8월 22일(수)

07시 30분 뷔페조식 후 택시로 동대사에 가서 사찰도량을 걷는다. 대화엄사라는 간판이 눈에 들어오고, 사슴을 방목하여 불경스럽게도 똥오줌을 지리면서 법당・요사채 등 아무데나 돌아다닌다. 청소부가 뒤따라 다니며 쓸어 담는다. 1500년 된 이 사찰은 백제인이 창건한 사찰인데 단일목조 건물로는 세계 최대로 유네스코 문화유산으로 지정되었다 한다. 사찰주변에는 고송노석(古松老石)의 조화로움이 대가람의 위엄을 더한다. 사천왕문에서 대웅전에 이르는 보도를 최근에 개수(改修)하였는데 불교 전례의 순서대로 중심에는 인도 산돌, 좌우에는 중국, 그 옆자리에는 한국, 또 그 옆자리에는 일본 돌을 깔았다. 대웅전 안에 있는 세계에서 제일 큰 청동비로자나불을 지장보살·관음보살이 협시(挾侍)하고 있는데, 이는 일본인이 제조했다. 건물과 불상 모두 세계문화유산으로 등록되었다. 불상 손바닥 크기가 사람 키만 하다. 동대사는 1주 거리가 32㎞의 넓은 도량으로 사내암자가 많다. 나라에 있는 다까마스쓰까(高松塚)는 천황가의 무덤이라 전하여 내려왔으나 정작 열고 보니 반도인의 무덤으로 밝혀져 당황한 나머지 도로 묻었다가 한참 세월이 지난 후 1972년 일본국립중앙박물관이 재발굴 조사 결과 고구려 고분에서 보이는 청룡·백호·현무·주작벽화와 천장에는 북두칠성 등 별자리 20개가 배치 되여 있어 고구려 사람의 무덤임을 확인하였다. 동대사 앞 정류장에서 버스를 탔고 -후문으로 타면서 버스표(정리권)를 뽑았다가 하차 시 전광판에 표시된 180엔과 정리권을 통에 넣고- 앞문으로 10:00 나라역 앞에 내렸다. 택시·버스는 일본 어느 곳을 가던지 청정·깔끔한 점은 우리나라 동종업계가 배울 만하다. 나라는 백제인이 미개지 왜국에 와서 국가체제를 수립하고 문물을 발전시킨 곳으로 당시 왕인박사는 성덕태자사부요, 국사로 나라 건설의 핵심인물이었다. 해양국가인 백제는 담로 시체말로하면 총독을 일본뿐만 아니라 중국황해연안과 동남아 여러 나라에까지 파견하여 지배하였다. 지금도 일본에는 백제 발음인 '구보다'라는 지명이 많이 남아있다는 사실 하나로도 백제의 그늘 속에 존재하였음을 미루어 알만하지 않은가. 고려시대만 하더라도 일본에는 56개 국가가 활거 하다가 서기 1580년대 풍신수길이 천하를 통일한 후 덕천막부 200년을 지나 1860년 명치유신이 성공하고 대정・소화천황 시대를 거치면서 국력이 점점 확장・발전하여 나라의 수도를 나라에서 교토로, 교토에서 도쿄로 옮겨가면서 막강한 국가 일본으로 변신을 거듭하여 왔다고 본다.

09:00 나라역에서 교토로 가는 야마토선 쾌속열차 차내에서 생긴 일, -일본여인이 자리를 양보하여 김 선생과 나란히 앉아올 수 있었다. 나는 "심성이 예쁘다"고 김 선생에게 통역을 부탁하자 처음 보는 여인에게 '예쁘다' '좋다' 하면 성희롱에 걸린다고 겁을 준다. 열차가 역방향으로 달리니 어질어질하다. 합장하는 모양의 일본 전통가옥 지붕・농수로・경지정리・농기계・승용차・화물차들이 조화롭다.

10:00에 도착한 교토 역사는 일본제일의 현대식건물이라고

자랑한다. 나라역사가 전통가옥형인 것과는 대조적이다. 교토역에서 택시로 10:11에 광륭사 앞에 내리니 대본산 광륭사 현판이 보인다. 광륭사는 추고천황(推古天皇) 11년(서기603년) 30년 역사(力事) 끝에 건립된 고찰로 오사카의 사천왕사 · 나라의 법륭사와 함께 성덕태자가 건립한 일본 7대 사찰 중 하나로 처음 명칭은 봉강사이고, 그 후 진사 · 진공사 · 갈야사 · 태진사라 불리다가 지금은 광륭사라고 한다.

진하승(秦河勝)이 성덕태자로부터 그 유명한 미륵보살반가사유상을 받아 본존불로 모시기 위하여 창건한 절이다. 그 후 진하승 일족을 대거 귀화시켜(일본서기 제15대 應神천왕 16년) 양잠 · 양조 · 농업 등 대륙과 반도의 선진기술과 문명을 일본에 수입하여 산업을 발전시키고 불교와 문화예술을 꽃피워 성덕태자의 이상을 실현하였다. 광륭사는 삼회소실(三回燒失) · 삼회복원(三回復元)으로 현재에 이르고 있다. 미륵보살의 영험 때문인가 생각한다.

나는 미륵보살반가사유상 앞에서 만대조상의 예술혼에 오체투지 삼배를 하는데 다른 관객들과 관리인의 시선이 집중되었다고 김 선생의 전언이다.

한참 동안 미륵보상의 미소를 보다가 한 수 헌시한다.

미륵보살이시여!

중생의 온갖 고뇌를
만년미소로 녹인 미륵보살이시여
백제불모의 몸에서 태어나
무명 속에 허덕이는 이곳 중생이 가여워서
바다건너 오셨나요

중생제도 천년이 지났는데
아직도 제도할 중생이 남아
오늘도 수고로이
반가로 웃음 짓고 있나요

일태동생(一胎同生)쌍둥이
금동 미륵보살 반가사유상 서울 형님은
황금가사를 지어놓고
헤어진 천년세월을 하루같이
기다립니다

중생제도 마치시고
본향 서울로 오세요
서울로 오세요
나무 미륵보살 마하살!!!

보살 친견소감을 정리해 본다.

'조용히 뜬 실눈, 도톰한 이마, 오뚝하게 솟은 콧날은 얼굴을 조화롭게 잘 정돈하고 입술 양끝에는 자비원력이 스며들어 영원한 미소를 피워 중생의 고통을 녹여준다. 양손에는 변화를 주어 우아하고 아름답다. 양다리를 덮은 가사는 대좌까지 늘어져 무릎을 덮고 끝자락에 큰 변화를 줌으로서, 상체의 조용한 표현과 대비하여 정(靜) 중(中) 동(動)의 아름다운 조화를 이룬다.'

일본 문화재위원이나 일반 국민들은 '아스카시대의 유일무이한 걸작'으로 일본 국보 1호로 지정했다고 한다. 그러나 1960년 도쿄대 법학생(성명 불상)이 미륵보살반가사유상에 혼이 빠져 와락 달려들어 껴안으려다 넘어뜨려 손가락이 절단되는 사건이 벌어졌다. 이를 수리하려고 문화재위원들이 소재를 분석한 결과 당시 한국에서만 자라는 적송(赤松)임이 밝혀져 반도에서 도래(渡來)한 불상으로 인정하게 되었다. 그 후 국보에 부여하는 번호를 없앴다. 이로써 우리나라 국보87호인 금동미륵보살반가사유상 조성 시 백제 무왕이 모조품을 왕인박사를 통해 정치를 잘하라는 격려로 성덕태자에게 전수하고 성덕은 진 하승에게 주어 본존불로 모시도록 절을 지었다는 것이 딱 맞아 떨어진다 하겠다. 이밖에 552년 백제성왕으로 아미타 불상을 하사받아 이를 모시기 위하여 지은 나가노 시의 선광사가 있다. 이 절은 초교파 사찰로 400여 평 법당을 상시 개방하여 어느 종파 스님이든 노숙자든 대재벌 회장에 이르기까지 신분을 불문하고 만인을 받아들여 보살핀다. 일본인은 평생 한 번만이라도 이 절에 순례하기를 소원한다. 이가노 시는 이 사찰을 중심으로 계획된 도시라고 한다. 미륵보살 친견은 이번 여행의 백미로 김 선생께 거듭 고마움을 보낸다. 다음 목적지는 11:05 MK택시를 타고 이총에 도착하였다. MK택시는 성공한 교포 실업가가 오너이다. 이총은 다 아는 바와 같이 도요토미 히데요시가 임진·정유왜란 시 전사한 조선장병의 코와 귀를 잘라 소금에 절여 나무상자에 담아 가져오도록 명하였고, 명에 따라 가져온 것을 근거로 전공을 심사하여 녹봉(전답·임야 등)을 책정하사 하였다. 이렇게 모아진 조선 장병 16만 명의 귀와 코를 풍신수길의 명에 따라 그 집 뜰 앞에 묻었는데 이곳이 오늘날의 이총이다. 지금은 왜란 최고 군사령부이자 히데요시의 저택자리에 건립한 풍신신사와 이총 그리고 오도이토성이 히데요시 사적으로 교토에 현존하는 3대 유적이 되었다. 그러나 이총 주변 땅값이 오르지 않고 외국사람들에게 일본민족의 잔인성을 여실히 보여주는 상징물로 이 지역 주민은 한국 사람들이 조속히 파가기를 은근히 바라고 있다고 한다.

여기서 생각하여 보자. 풍신가 뜰 앞에 묻힌 16만 원혼이 날마다 풍신가를 뒤덮고 아우성인데 그 후손은 어찌 되었겠는가? 덕천막부에 의해 몰살되고 현재는 신사만이 남아 있다니 자업

자득 인과응보일 터, 이총에는 엎드려 절할 수 있는 공간도 없고 방책으로 둘러싸여 있어 답답하기만 하다. 출입문 앞에서 선채로 묵념을 하면서 한편으로 16만 원혼을 한국 사천 땅에 임시로 모셔왔으나 이총 전체를 한국으로 이운(移運) 하려고 노심초사하는 삼중스님의 얼굴이 떠올랐다. 이어서 11:20 동본원사에 도착하여 보니 2008~2011년 수리완공 표시와 사찰을 싸안은 거대한 가설재가 가로막고 있다. 동본원사는 1604년 창건한 세계 최대 사찰로 1608년 화재로 1864년~1880년 재건하였다. 창건·재건 시 각지에서 목재를 벌목·운반하는 과정에서 많은 장정이 깔려 죽어나가니 남편·자식·오빠를 살리려고 여인들이 머리카락을 잘라 보내어 마와 섞어서 동아줄을 만들어 사용함으로서 사상자를 크게 줄였다고 한다. 밧줄은 길이 110m 굵기 40㎝ 무게는 제일 큰 것이 1톤이다. 그 후 교토 시내 왕궁공사에 수시로 쓰였다 한다. 이제 도교행이다.

11:51 교토역에 도착, 히카리 지정석 열차를 타기 위하여 도쿄행(東京行) 승강장을 찾아가는데 신칸센 고다마·히카리·노조미와 보통·특급·쾌속열차, 각 방향 지하철 등 여러 열차의 철로 망이 연결되어 승강장(무려 13개)을 찾아가기가 너무 힘들었다. 표지판에 한자병기(漢字竝記)라 조금은 도움이 되었다. 23분 만에 지정석에 앉아 앞을 보니 '기온이 36~37℃로 조업 중

지하는 기업이 속출' 문자가 차내 전자게시판에 흐른다.

12:35 드디어 도교향발이다. 역사 매점에서 구입한 도시락으로 뱃속을 채우고 소금에 절은 티셔츠를 차내 갱의실에서 갈아입고 자리에 나타나니 김 선생 하시는 말씀 "패션이 달라졌군요."

이제 3시간은 상념의 나래를 펴는 시간이다. 김 선생이 졸고 있으니 나도 피로가 몰려온다. 비몽사몽간의 여행은 자존심이 허락지 않는다. 나는 일본전문가인 김 선생을 깨워 일본사정을 들어본다.

"차내 전자게시판에 조부타살 중학생기사가 나오는데 요즘 일본의 범죄지수는 어떻습니까?"

"일본사람은 전통적으로 질서의식이 강하고 남에게 조금이라도 부담을 주지 않으려는 배려의식이 높습니다. 최근에는 이런 높은 도덕의식이 추락하고 가족관계가 와해되는 현실을 노·장년층은 장탄식을 하고 있습니다. 얼마 전에도 중학생이 조모를 살해하고 돈을 훔쳐 가출하여 한 달 뒤에 사체를 발견한 일이 있고, 최근에는 근무 중이던 순사장(우리나라 경사)이 독신녀 집에 침입하여 말을 듣지 않고 반항하자 살해하는 등 반인륜범죄가 끊이지를 않고 있습니다. 그러나 경제는 침체기를 벗어나 향후 10년은 호황기라고 장담하고 있습니다. 우리가 숙박을 한 토요크(東橫)호텔도 부산·홍콩·상해·동남아·중국에 출장용 체인호텔을 많이 확보하고 있습니다. 일본의 대아시아 물류증가는 곧 비즈니스 출장의 증가로 이어지기 때문에 그 수요를 노린 상술이라고 할까? 하여튼 앞을 내다보고 확실한 투자를 합니다."

"우리가 북해도 턱밑에까지 갔다 오는 길인데 일제치하 한국인 탄광노무자들 이야기를 빼놓을 수는 없지 않습니까?"

"그렇습니다. 북해도와 사할린에 끌려간 한국인 탄광노무자 8만여 명이 굶주리고, 강제노역에 시달려 견디지를 못하여 탈출하다가 얼어 죽고, 이리떼에 물려 뜯겨죽고, 잡혀서 맞아죽은 사람이 부지기수요, 죽을힘을 다해 참고 견디다가 일본패망으로 이제는 고국에 돌아가려나? 희망에 부푼 것도 잠시 천황폐하의 적자라고 끌고 올 때는 언제고 너희들은 외국인이라고 내팽개치니 결국 점령국 소련의 노예로 다시 전락하고 마는 기구하고 비참한 운명이 기다리고 있음을 누가 알았겠습니까. 지금도 사할린 교포는 망향의 노래로 시름을 달래며 고달픈 나날을 보내고 있는 실정입니다."

무거운 대화가 흐르는 동안 15:40 동경역에 도착하였다. 동경역전에 대기 중인 이노우에가스(井上勝)동상이 반갑게 인사를 한다. 이 자는 영국에 유학하여 철도기술을 배워 1872년 동경 요코하마간 철도를 개통시켜 철도의 아버지로 추앙을 받아 여기에 세워졌단다. 철도수입을 올려준 나에게 감사를 하는지 하여튼 인상이 좋다.

1860년 명치유신의 주인공인 사이코다까모리(西鄕隆盛)는 임진왜란에 끌려온 심수관가가 일구어놓은 일본제일의 부자동네 가고시마 현 사람으로 아마도 한민족의 피가 섞였는지도 모를 일이다. 그는 존왕토막(尊王討幕)의 깃발을 휘날리며 덕천막부를 쓰러뜨리고 경도에 있는 허수아비천황을 가마에 태워 동경으로 천도한다. 그러나 사이코는 최고 공로자이면서 논공행상에 밀리자 낙향, 사병을 양성하여 정한론(征韓論)을 명분으로 반기를 들다 결국 패배하여 자결한다. 그는 최초의 정한론자인 셈이다.

명치유신을 시작으로 일본제국은 근대화로 내달려 '부국강병' 후, 1910년 한국을 합방하고 만주를 침략, 괴뢰정권을 수립한다. 야욕은 지칠 줄 모르고 동남아, 중국으로 전선을 확대하여 대동아전쟁을 벌인다. 그래도 성이 안 차 진주만 기습으로 결국 제2차 세계대전을 일으킨다. 그러나 과욕은 금물이라 했던가 원폭 투하로 무조건 항복하고야 말았다. 명치유신 시 전사자와 청일·러일·태평양전쟁과 한국·만주·대만·중국침략전쟁에서 전사한 240만 명의 위패를 모시기 위하여 설립한 야스쿠니 신사가 있다. 그 안에는 이우 공을 비롯하여 2만 명의 한국인 위패도 있다. 이제 그 실상을 확인하러 갈 판이다.

이노우에가스 동상이 손을 흔드는 가운데 택시를 타고 16:00

에 야스쿠니신사에 도착했다. 일본 식민지 백성으로 징병 · 징용 · 학도병 · 노무자 · 보급대로 일본 · 동남아 등에 끌려가 대동아 전쟁과 제2차 세계대전에 직 · 간접적으로 참여하여 죽고, 병신 되고, 살았으되 돌아오지 못하여 국적도 없이 떠도는 한민족의 아픔을 보상을 받으려는 심정으로 이곳을 찾아왔다. 그리고 이곳에 모셔진 한국인 위패도 조속히 우리나라에 돌아오기를 바라면서….

삼살문을 들어서니 동상이 서 있다. 주인공이 누군가 동판을 보았다. '일본 육군의 아버지란 이 자는 병부 오오무라 마스리로(大輔大村益次郎)다. 1824년 의사 야마구치 집안에서 태어나 네덜란드에 유학을 다녀와 서양식 군함의 설계 · 건조에 기여하고, 명치유신 당시 일본 내전이 일어나자 막부를 쳐부수어 병법 전문가 · 전술가로 명성을 날렸다. 명치정부 군무국 판사로 동북내란을 평정하여 대총독부 병무대신에 임명되어 군제를 서양식으로 개편하다가 46세시 불평분자의 습격을 받아 사망'이라고 기술하였다.

신사참배는 신청을 받아 제단에 올라가 하게 되었다. 일본인 1~2명이 조아리는 모습을 뒤로 하고 박물관으로 들어갔다. 테마별로 전시하는 방이 여러 개 있다. 카이텐(回天)이란 인간어뢰(人間魚雷)를 보았다. 인간어뢰는 전방 ⅓은 폭약, 중앙 ⅓은 수

병(水兵) 1명, 후미 ⅓은 연료충전 구조로 되었다. 인간어뢰 6정을 장착한 잠수함이 미 군함 발견즉시 발사하면 수병이 조준하는 인간어뢰는 적함을 부딪쳐 폭파시킨다. 돌아올 연료가 없으니 폭파하여 죽는 수밖에 없다. 함상 폭격기 해성(가미가제) '대화(大花)'는 군수송기에 매달고 가서 적 군함이나 목표물에 돌진하여 폭파·산화한다. '대화'도 역시 조종사 1인과 폭약을 장진하였고 돌아올 연료는 없다. 캄캄한 조종실에서 회전 레버와 연료도 없이 돌진 육중한 적 군함의 밑바닥을 들이받아 침몰과 동시 산화해야 할 젊은 청춘들은 무슨 생각을 하였을까? 이들 돌격대 중에는 동경대 한국유학생 2명이 포함되어 있다는 사실은 또 어떻게 이해해야 할까?

전세계 전쟁사에 인간병기인 어뢰·비행기를 사용한 잔인한 나라는 일본 밖에 없다고 한다. 일제시대 성금 명목으로 각계각층에서 강제모금을 수없이 하였고, 친일파 사람들은 충성경쟁을 하듯 성금을 내어 허울뿐인 작위도 받았다.

야스쿠니 참관을 마치고 동경시 대동구 구형 1정목(3842~4001東京市 大同區 驅形 1丁目)에 있는 206년 전통의 추어탕 집에 들러 허기를 채웠다. 남원 추어탕 맛과는 영 비교가 안 된다. 이제 잠자리를 찾아 나설 판이다. 찾아간 호텔 2곳은 모두 만실로 사절이다. 예약 문화가 자리 잡은 일본에서는 유의해야 할 일이다. 20:00경 다시 전철을 타고 아사쿠사→신바시→신오구보역에 하차하여 걸음걸이가 빠른 김 선생을 버겁게 따라간다. 눈치 빠른 김 선생 왈 "패밀리마트 앞에 기다리고 있으면 숙소를 정해놓고 데리러 온다."며 사라졌다. 나는 아이스바 1개를 사서 갈증과 허기를 면했다. 물 한 병을 샀다. 어디선가 민박집 명함 1장을 가지고 나타난 김 선생, 공중전화가 안 보인다고 걱정이다. 마트의 한국인 여직원의 안내로 민박집을 찾아가다가 전화 부스를 발견, 나는 번호를 부르고, 김 선생은 버튼을 눌러 겨우 통화에 성공, 민박집 주인이 데리러 나왔다. '우리민박' 주인을 따라 골목길 5층 건물 3층 원룸에 안착, 대금 2인 1실 7천 엔을 결제하고 짐을 풀었다. 약 18평 정도에 거실·침실·주방·욕조·취사도구·세탁기·인터넷·청소기 등 갖출 것은 다 갖추었다. 김 선생은 그간의 택시요금을 건졌다고 희색이 만면이다. 방도 2층 침대방과 다다미방이 모두 널찍하다. 샤워를 마치고 나니 상쾌하다. 다만 욕조·세면대·변기가 한 세트로 다닥다닥 붙어 있어 불편할 뿐이다. 신오구보 역에서 우리나라 대학생이 일본인을 구하고 전동차에 치어 의사(義死)하여 일본열도를 감동시킨 바로 그 역전 한국인의 거리 한국인 민박집에서 하룻밤을 보내게 된 것이다. 찾아오긴 힘들었으나 1석 3조라, 참 잘했다는 생각이 든다. 이날 대기온도는 37℃로 만만치 않은 날씨다. 소금에 절은 몸을 헹구고 상쾌한 잠자리에 든다.

제3일 8월 23일(목)

05:00 민박집 아침풍경이다. 부지런한 김 선생 기상하자마자 마트에서 삼각 김밥·신라면·요구르트·사과 샐러드 등을 사 가지고 와서 소반에 아침상을 거나하게 차린다. 식탁이 있는데도 굳이 소반에 차린 것은 고향집 정서를 살리고 싶은 김 선생의 재치라면 재치다. 식사 후에는 가방을 뒤지더니 한국에서 가지고 온 커피믹스 2봉을 꺼내 주발에 타서 숭늉마시 듯 먹어보자고 한다. 역시 분위기 메이커답다. 또 말하기를 일본출장 40여 회인데 진작 민박집을 알고 있었다면 여비 70%는 절약하여 집 한 채는 살 수 있었을 터인데 하며 너스레를 떠는 모습이 진지하다.

06:30 순환선인 야마노데선(山手腺) 전철을 타고 동경행이다. 러시아워를 피한 전철 안은 여유롭다. 승객들은 독서·단잠·폰팅이다. 그러나 대부분이 단잠이다. 전철시스템은 후발주자인 우리나라가 앞선다. 스크린 도어, 노선별 색깔표시, 정차 역 배치, 운행시간 간격 등에서 늙은 일본 전철보다 한수 위다.

07:00 동경역 도착, 07:36발 센다이(仙垈)행으로 갈아탔다. 동북신간센(東北新幹線)으로 하치노해(八戶)→ 아오모리(青森)→ 이

끼다(秋田)에 가서 일박 예정이다. 하치노해까지는 태평양연안, 하치노해→ 아끼다까지는 동해안으로 일본 열도를 일주할 예정이다.

동북신칸센 열차 좌우 창밖 풍경이 그림처럼 스쳐간다. 회색 구름이 하늘을 고루 덮어 빈틈이 없다. 사람도 빈틈이 없이 철저한 사람도 있다. 답답하기는 오늘 날씨와 같을 것이다. 그렇다고 답답하기만 한가. 뒤집어 생각하면 오히려 날씨가 선선하고 사람도 뒤끝이 깨끗하여 선선할 수 있다. 옆자리에는 부부·아이들 남매가 아침도시락을 풀어 오순도순 먹는 모습이 정겹다. 입석이지만 빈자리가 많아 불편은 없다. 정차시마다 임자가 나타날까봐 신경이 쓰일 뿐이다. 김 선생은 빈자리 확보에도 지성이다. 창밖에는 농촌이 지나가고, 들이 지나가고, 도시가 지나가는데 가끔 2~3채의 농가가 양념으로 끼어 조화롭다.

달리는 차창밖에는 짙은 구름이 엷어지더니 센다이에 들어설 무렵 안개가 끼고 또 다시 걷힌다. 들들 끓어오르는 증생심 같은 바깥 날씨다. 09:18 센다이(仙台)역을 지나 지정석에 앉아 안정을 찾으니 하늘도 파랗게 열린다.

무료를 달래려고, '차장! 냉방이 잘 안되는 것 같다. 음식 냄새에 두통이 심하다. 환기 좀 시켜라, 복도에 휴지가 떨어져 있고, 선반에 가방 끈이 덜렁거린다. 떨어질까 겁이 난다. 최신식

신칸센열차가 어찌 이러냐!'라고 메모해 놓고 일본 전문가 김 선생에게 자문을 구한다. '차장에게 들이 댈까요. 말까요?' 피식 웃다가 "양반 체통에 먹칠하지 않을까요?" "알았어요, 알았다니까!" 마주보고 웃는다. 때마침 하얀 뭉게구름이 차창 안으로 들고 난다. 먼 산은 병풍을 두르고, 농가 후원의 대나무·삼나무는 자랑을 하며 지나간다. 일본 전통가옥은 건재한데 우리나라 민가는 모두 민속촌으로 시집가고 그 자리엔 슬레이트 지붕 양옥이 들어서서 삭막하기 그지없다. "대통령에게 감히 묻습니다. 전통한옥을 지어 사는 사람에겐 취득·등록세 등 세금을 감면해 주고 장려하면 임산물가도 올라서 임업을 살리고 전통문화도 계승한다는 것을 아십니까?"

차내 전광판에서는 '지구온난화 대책 시급, 뉴욕 주가 소폭 반등'자막이 흐른다. 그간 차내는 금연인 줄만 알고 심란했는데, 첫 량에서 끝 량까지 운동 겸 순시를 하니 지정석·자유석·우등석 차량 한 칸은 흡연 차량으로 배정한 것을 알게 되었다. 글을 쓰는 이 사람도 문향이란 글의 향기로만 알고 있었는데 김 선생이 문향=문인의 흡연이라고 귀띔하면서 "형님! 명 문장가는 문향과 더불어 삽니다. 금연은 생각지도 말아요." 한다. 자기는 금연했으면서….

10:10 하치노해 역에 하차하니, 역시 북쪽으로 많이 달려왔

나 싶다. 맑은 하늘에 흰 비늘구름이 깔리고 제법 선선하여 가을 날씨다. 승강장에 형광등이 켜있다. 대낮인데도… 전력생산은 무엇으로 하는지? 온난화하고는 무관한지? 모를 일이다.

10:39분 이제 홍전(弘前)행 동북본선을 타고 북동해안을 따라 추전(秋田)으로 갈 예정이다. 김 선생은 승강장 매점에서 오찬용 도시락을 구입하고 나는 300엔에 담배 한 갑(Frontier Light)을 구입하고 24시간 참았던 문향을 사른다. 바다만 건너면 북해도 아닌가. 사할린과 더불어 강제징용, 강제노역에 굶주림까지 겹쳐 사선(死線)을 헤맨 동포가 수만 명이 있었음을 아는지 모르는지 그쪽 하늘은 푸르기만 하다.

열차가 스르르 움직인다. 히로사키(弘前)역을 앞에 두고 일본 전문가 김 선생은 말한다. 히로사키 토성은 보존이 잘되어 있고, 이곳의 벚꽃놀이는 일본의 3대 벚꽃놀이에 끼인다고 한다. 이곳(동북지역)은 쓰카루(津輕)지방 영주가 관리했던 지역이라나. 철도변 삼나무 아래는 노란 꽃 · 하얀 꽃이 깔려 있다. 삼나무 숲은 간벌을 하지 않아서 사람이 다닐 공간도 찾기가 어려울 정도로 빽빽하게 쭉쭉 뻗쳐 있다. 참으로 부럽다. 팔호에서 홍전 사이의 역 이름마저 아오모리(青森)이라 했다. 그런데 부럽지 않은 일이 차내에서 벌어지고 있다. 중 · 노년의 일본부인들이 시끌벅적하게 떠들고 웃고 야단이다. 우리나라 관광지에 가면 부인들이 웃고, 노래하고 떠드는 것과 같다. 일본도 역시 여인 천하가 되었나?

동북 신칸센은 가끔은 땅을 밟고 달린다. 쓰카루 지방 사과 생산량은 전 일본 생산량의 ⅓정도다. 후지・아오리・오우린 등 브랜드 사과는 거의 이 지방에서 개발하여 전 세계에 보급했다. 그 중심지가 홍전이다. 아오모리역를 지날 무렵 북해도가 또 보인다.

1943~45 징용광부와 가족을 합하여 4만 명이 사할린에 거주하였는데 1945년 8・15 해방과 더불어 일본인은 귀환시키고, 조선 사람은 외국인이라고 방치하였다. 소련은 노동력이 필요한 상황이라 역시 돌아가는 것을 원치 않았다. 끝내 불귀의 객이 된 교포들은 현재는 약 3천 정도가 생존하고 있다. 일시 모국방문, 영구귀국 등 동포들이 원하는 대로 소원을 풀어주어야 할 것이다. 아오모리(青森)역을 지나서 점심도시락을 먹었다.

13:30 히로사키(弘前)역에 도착하니, 이와끼산(岩木山)이 보기 좋은 얼굴로 신고를 한다. 일명 쓰카루의 후지산이라는 별칭을 얻을 정도의 명산이다.

김 선생은 이곳에 사는 화가 친구가 있는데 그냥 지나치기가 서운하여 전화를 하였더니 "꼭 들러서 차 한 잔하고 가라합니다. 어찌하면 좋겠습니까?" 나는 "좋습니다, 좋습니다. 일본 가정을 살필 수 있으니 얼마나 좋은 기회입니까, 갑시다." 택시를 타고 가니 그 집 현관에 아랫배가 제법 나온 노인이 나와 기다리고 있다. 그의 안내로 거실을 거쳐 안방으로 들어가니 부인이 다과상을 내온다. 화제는 자연 이와끼산이다. 집주인 카후쿠치추지(加福忠次) 말인즉, 자신도 산에 가 기도를 하여 영험을 보았고, 이 지방 사람들도 이 산 산신에게 기도하여 우순풍조 시화연풍(雨順風調 時和連豊)하다고… 또 다른 지방은 천재가 있어도 이곳은 없다 한다. 카후쿠 씨 집은 전통민가로 정결·정돈·친절·온화한 가정 분위기가 물씬 풍겼다. 이와끼산 전면으로 보이는 지점까지 따라 나온 주인은 작별인사로 그림엽서 2장을 준다.

1600년 축성한 해자 깊은 히로사키 토성을 택시로 타고 한 바퀴 돌아 관광한 후, 홍전역 14:46발 추전행 열차를 아슬아슬하게 승차했다. 2개 차량뿐인 추전행 협궤 꼬마전차는 이와끼산을 뒤로하고 산속·숲 속·마을·들 사이 침목(枕木) 위를 달린다. 추전 가는 길에서 본 삼림은 너무나 울창하다. 논둑 밭둑에 움막·농기계 창고가 있고, 하얀 갈대꽃에 하얀 뭉게구름이 잘 어울리는 간이역에는 역무원도 없이 기관사가 집·개표를 하고 승객이 열차출입문 버튼을 눌러 나고 든다. 이 지방의 아끼다견(犬)은 우리나라 진돗개와 비교되는 우량종이라고 한다.

꼬마열차는 그렇게 시골의 학생·언니·누나·아버지·어머니·할머니·할아버지의 다리이고 보따리를 운반하는 수레다. 드디어 17:37 이와끼(秋田)역 도착하여 18:30 토요도(東橫)호텔을 찾아 여장을 풀고 샤워와 세탁까지 하고나와 역사 건물 3층 중국식당에서 저녁을 먹었다. 메뉴는 '단단면'이라 하는데 너무 짜서 나는 맨밥을 한 공기 얻어 말아 먹었다. 식당사람들이 기이하게 보는 것 같은지 김 선생은 카운터 사장에게 열심히 설명한다. 우리나라 사람들의 합리적 식사법을… 음식점 주인은 '간이 맞지 않으면 버리고 다시 조리하여 내온다.'고 고집한다. 호텔귀환 후 잠시 민속행사를 관람한 후 일찍 자리에 눕는다.

제4일 8월 24일(금)

05:00 기상, 완전 건조된 세탁물이 기분을 뜨게 한다. 소지품을 챙기고 창문을 여니 아침 햇살이 방안 가득 들어온다. 세수하고 06:30 식당에서 뷔페식 조식을 들었다.

08:02분발 추전→ 동경행 komachi 8호 아케다 신칸센 car 14.seat 12C에 착석하였다. '식후불연(食後不燃)이면 소화불량(消化不良)' 김 선생 명언이 생각나 흡연 차량에 들어가니 흡연하는 남녀의 모습이 귀족으로 보였다. 나도 귀족이 된 양 문향을 피운다.

이제 후쿠오카까지 1,837㎞ 약 4천 5백리 길을 달려야 한다. 도중에 히로시마에 들러 한국인 원폭 희생자 위령 비에 참배만 하면 오늘 계획은 완료다. 지금까지 돌아다닌 거리와 오늘 추전에서 후쿠오카까지의 거리를 합산하면 일본 여행 거리가 된다. 나는 JR동(東)일본 추전운수국 하세가와(長谷川) 차장이 차내 점검을 마치고 돌아오는 때를 맞추어 차장실에 가서 명함을 주고 사유(기행수필 작성)를 말하니 판매원 아가씨 4~5명이 눈치 채고 박수를 치며 무어라 하면서 웃는다. 문인을 대우하는 나라구나 하는 생각에 빠져있는데 차장은 조견표를 보고 여행거리를 적어준다. 그밖에 갈서(葛西)차장(車掌) 여승무원 하나이 화정(花井)양에게도 도움을 받았다.

21일	복강 → 대판 618.5㎞	¥15,000	
	대판 → 나라 52.0㎞	¥2,000	
22일	나라 → 동경 513.6㎞	¥15,000	
23일	동경 → 팔호 631.9㎞	¥15,000	
	팔호 → 홍전 133.4㎞	¥3,000	
	홍전 → 추전 148.4㎞	¥3,500	
24일	추전 → 동경 662.6㎞	¥16,000	
	동경 → 강산 732.4㎞	¥17,000	
	강산 → 광도 161.3㎞	¥5,000	
	광도 → 복강 280.7㎞	=3934.8km	¥102,000

우리나라 이수로 약 1만 리다. 이 엄청난 거리를 싸다닌 것이다. 요금 계산은 귀국 후 우연히 역삼동 한식집에서 만난 동경 일간 현대신문 기자 마사키 태치가와(太刀川正樹) 기자가 신칸센 히카리 요금을 기준으로 환산한 금액이다. JR 패스요금 ¥28,300의 약4(3.7)배는 뽑았다. 대단하지 않은가? 그보다도 패스만 들어 보이면 열차를 대령하고 나는 타고 가기만 하면 된다. 그래서 나는 김 선생에게 JR패스를 세종대왕이 내려주신 마패로 사용하고 출두결과를 성실하게 국민들께 보고 하겠다 하니 적극 찬성이다. 그리고 글 쓰는 데 필요한 자료를 적극 제공하겠단다.

가꾸노다네(角館) 다자와호(田澤湖)를 지날 무렵, 창밖 들녘에는 잠자리 떼가 날고 그중 한 놈은 내가 탄 열차와 감히 경주를 벌인다. 모리오가(盛岡)역에 도착한 열차는 하지노해(八戶)에서 온 동북신칸센 열차와 연결 도교(東京)로 내달린다. 일본교통은 철도 위주로 사통팔달(四通八達) 연결되어 있다. 국책사업으로 철로 이용을 장려하는 반면 승용차 이용을 자제하도록 연중 캠페인을 벌인다고 한다. 한국이 고속도로 위주로 발달된 것과는 대조적이다. 일본 철도는 보통·쾌속·급행·특급·열차로 편성되어 있고 여기에 초고속 열차인 신칸센은 고다마·히카리·노조미 삼종인데 JR pass는 최고급 노조미 열차만 제외하고 모든 열차에 통용된다.

드디어 14:42 도교(東京)에 도착. 오카야마(岡山)행 열차를 갈아탔다. 역명 중에 신(新)자가 붙으면 신칸센 열차가 정차하는 역이다. 남쪽으로 내려오니 날씨가 후텁지근하다. 신요코하마역에서 나고야역을 지나면서 후지산을 보는 사람은 덕인(德人)이라고 한다. 후지산은 해발 3,776m의 일본의 성산으로 특히 외국인에게는 본래의 모습을 보여주지 않는다고 한다. 3~4회 오면 한 번 볼 정도라니 기후변화가 심하여 늘 구름으로 전부 또는 일부를 가리고 있다. 쾌청한 날씨에나 알몸을 드러낸다는 것이다. 우리나라 성산 백두산을 흉내내는지도 모르겠다. 이제 나도 비록 신칸센 열차를 타고 지나가다가 순간적으로 후지산을 보아서 덕인으로 불리길 기대한다. 조마조마 창밖을 보면서 가슴을 졸인다. 그러나 구름에 4/5를 가린 모습을 보는데 만족해야 했다. 이제 4천오백여리의 길을 가면서 일본 문화에 관한 이야기나 해야겠다.

일본인의 길몽은 첫째 후지산을 꿈에 보면 숙원사업 성취, 두 번째 독수리를 보면 좋은 일이 생기고, 세 번째 가지를 먹어보면 애인이 생긴다나? 한국인의 용・돼지・맑은 물과 비교해 볼 일이다.

1956년에서 65년까지 9년간 재일동포 9만 6천 명이 북송(北

送)되었는데 그중 일본여자와 결혼한 한국남자는 일본인 처를 대동하고, 또 일본인 남자와 결혼한 한국인 여자는 일본인 남편을 대동하여 '낙원으로 가자'는 선전선동에 끌려 북한에 간 일본인들 가족은 현재 중국·필리핀·태국 등지로 탈출하여 대기 중인데 은밀하게 일본 정부에 탄원하면 극비리에 귀국시켜 현재 북쪽에 남아있는 일본인 가족은 별로 없다한다.

1950년 6·25 한국전쟁 시 일본점령미군사령부에 차출된 전 일본제국 해군장병들(정확한 숫자는 파악 안 됨)이 인천·함흥·원산 등 상륙작전에 참여 해로탐색·상륙함정과 상륙장병 유도·함포지원요청 등 중요한 역할을 하다가 전사·부상·생존한 장병들 가족이 미군 사령부에 '내 아들·남편·아버지 살려내라! 보상하라!'고 아우성을 친다고 한다. 당시 이들은 숨은 존재로 극비 작전이었고 미 군사당국에 드러내놓고 거론할 수 없는 피점령국 일본이었다. 그러나 세월이 약이라던가 흘러 흘러 현재는 드러내 놓고 보상을 요구하니 격세지감이 있어 보인다.

열차이용문화를 본 대로 말한다. 승객은 열차 내에서 휴대폰 사용을 할 수 없다. 매너모드로 신호음을 감추어야하고 부득이한 경우 차량이 연결된 통로에 나가서 통화한다. 휴지 등 쓰레기는 스스로 열차 안 쓰레기통에 갖다 버린다. 승무원과 차내 판매원의 출입 인사를 보면 생글생글 웃는 얼굴에 인사말을 덧

붙인 배꼽절은 보기에 좋았다. 고객을 위하는 진정성으로 손님을 깊이 배려하는 행동이 돋보였다. 우리나라 승무원과 판매원의 근엄 · 엄숙한 표정의 목례와는 너무나도 대조적이다. 그러데 이런 일본인들이 한국에 단체관광을 오면 지하철 · 식당에서 왁자지껄 떠들어대고 명동길거리에서 술에 취하여 침을 탁 탁 뱉는다. 동행이 무어라하면 여기는 한국 땅이야! 호기스럽게 고함친다. 이런 현실을 우리는 스스로를 되돌아보는 계기로 삼을지언정, 탓하지는 말아야 한다. 싱가포르 시내에서는 내외국인을 막론하고 껌을 씹을 수도 뱉을 수도 없는 현실을 감안할 때 더욱 그렇다.

일본인들은 바로 수돗물을 먹는다. 호텔이나 음식점 등 생수공급은 없다. 그만큼 수돗물에 자신이 있는 나라가 일본이다. 호텔 냉장고에 생수 몇 병은 당연히 있겠지 생각하고 열어보면 비어있다. 화장실 수도꼭지 옆에 이 물은 음료수로 적합하다는 딱지가 붙어있다. 아리수의 자부심이 휘청거린다.

도시락문화가 발달하여 여행 중 편리하고 보편적으로 이용하는 나라가 일본이다. 내용물도 다양하고 포장도 화려하다.

도쿄역에서 한 무리의 중국인 남녀 관광단이 올라탄다. 역시 시끄럽다. 김 선생은 필설로 옆자리에 앉은 여인과의 대화에 열을 올린다. 뒷자리 내 옆에 앉은 남편인 듯한 중늙은이도 따라서 설쳐댄다. 이들은 대판역에서 모두 내린다. 조용하다. 히매지역(姬路驛)을 지나는데 '일본 성 중 제일 아름다운 시로(城)을 보십시오.'라는 표지판이 보인다. 역시 일본 황궁 모습을 한 성은 아름다웠다. 열차 내 승객들에게 자랑하고 싶은 일본인들의 자긍심을 보는 듯하다.

16:15 오가야마역(岡山驛)에 도착, 히로시마행(廣島行)으로 바꾸어 탔다. 1945년경 히로시마는 일본군합동군사령부와 미쯔비시조선소・병기창이 있었고 우리나라에서 강제 동원된 노동자・보급대・학도병 등 한국인 10만을 포함한 일본인 등 20만이 살고 있었다. 군사도시인 만큼 미국의 폭격 순위 1위였음은 명백하다 할 것이다.

16:30 히로시마 역에 도착, 옛날 우리나라 종로・서대문・홍제동・청량리에서 보던 지상전차(地上電車)를 타고 평화공원에 가려하는데 타야할 전차를 몰라 김 선생이 일본 중년여인에게 물어본다. 대기 중이던 줄을 이탈하여 평화공원행 전차 승강장까지 우리를 안내하는 것이 아닌가. 그 여인은 돌아가 줄 후미에서 다시 서서 기다려야 하는 부담을 마다하지 않은 셈이다. 이 더위에 참으로 감동적이다.

16:40 전차에 승차하니 한국어 연수생이라는 일본 여인 2명이 차내에 붙은 노선도를 보고 00번째 역에서 하차하란다. 웃

음 띤 얼굴로 가르쳐주지 않는가. 역시 싹싹 친절한 여인들이다. 전차 내에는 냉방이 되어 옛날 전차하고는 많이 다르다. 평화공원 정문에 내려 부지런히 기념물(산업장려관 돔 잔해)을 살핀 후 열심히 기록한 공원 유래비 원문을 소개한다.

> 1945.8.6. 사상 처음으로 원자폭탄에 의해 파괴된 히로시마 산업장려관의 잔해이다. 원자폭탄은 이 건물 바로 위 600m 상공에서 폭발하였다. 그 한 개의 폭탄으로 20만이 넘는 생명이 즉사하고 반경 2㎞의 시가지는 폐허가 되었다. 이것을 기념하기 위하여 공원을 세웠다. 1986. 히로시마 시

이밖에 1996.12.7일자 세계문화유산등록 기념으로 세운 비문이 있는데 생략한다.

다음은 한국인 희생자 위령비를 참배하려고 부지런히 다리를 건너간다. 위령비에 도착하여 묵념을 하면서 간절한 마음으로 헌시한다.

영면하소서!
 - 히로시마 평화공원 한국인 위령비 앞에서

타는 하늘이
시리도록 맑은 건
비명횡사한 이십만 영혼이 가득함인가

벼락보다 더 뜨거운 불빛에
재가 된 이만 배달 혼의 눈물인가
일본제국 신민의 죽음은
침략만행의 업보라지만
한국인의 죽음은
무어라 해야 하는가
백의(白衣) 영령이시여!
타오르는 분노를 삼켜
조국 광복의 밑거름이라 자위하시고
파란 하늘이 되소서.
탁! 털어버리고 영면하소서.
영면하소서. 07.8.24.16:50

비문을 살펴본다. '한국인 원폭 희생자 위령비. 이우공 전하와 이만 영위'라고 비 전면에 이효상 국회의장이 휘호했다. 한갑수 선생 기문을 본다. 명분도 이유도 없는 억울하고 비참하고 슬픈 죽음임을 드러내려는 의도는 백분 이해하지만 굳이 삼전도 국치며 공녀상납 등 쓰리고 아프고 숨기고 싶은 역사적 사실을 거의 다 적시하여 만세 후손들의 기상을 추락시키지는 말았어야 옳았다. 무릇 비문이란 건립 당시 상황이나 정서만을 고려할 것이 아니라 먼 훗날 누가 보아도 공감하여 시비・갈등의 소지가 없어야하고 특히 후세 자손들의 자긍심과 민족정기에 손상을 주는 글이어서는 곤란하다. 그러므로 원려심모(遠慮深謀)

한 후 만세(萬世)에 전해져도 역사성과 문학성에 흠이 없는 글이어야 한다. 소위 세계가 한마을이요, 모든 장벽이 허물어지는 개방시대를 생각한 비문으로 보기에는 거리가 너무 멀다. 일본제국의 악랄했던 식민통치, 혹독했던 수탈정치를 합리화 내지 희석시키는 참으로 비굴하고 수치스럽고 그리고 민족기상을 땅바닥에 내동댕이치는 비문이다. 한갑수 선생의 망언 망발을 규탄하고 규탄하는 바이다.

이우공은 고종황제의 손자로 10세에 볼모로 잡혀와 강제로 일본육군사관학교에 입학, 우수한 성적으로 졸업한 후 일본육군 중좌에 진급 1945. 8. 6 08:15 출근길에 피폭 사망하여 불귀의 객이 된 분이다. 그분을 희생자의 대표로 추존하였다.

위령비 건립 유래를 김 선생의 독촉 속에 부지런히 기록한 내용을 소개한다.

제2차 세계대전이 끝날 무렵 히로시마에는 한국인 약 10만의 군인·징용 공·동원학도병과 가족 등 일반시민이 살고 있었다. 1945. 8. 6.원폭투하로 인하여 2만 명의 한국인이 순식간에 생명을 빼앗겼다. 히로시마 20만 희생자의 10%에 해당하는 한국인 희생자는 묵과할 수 없는 숫자다. 폭사한 희생자는 공양도 제대로 받지 못하고 그 영혼은 오랫동안 구천을 헤매고 있던 차 1970년 4월 10일 제일 대한민국 거류민단 히로시마현 본부에 의해 비참한 죽음을 강요당한 영혼들을 편히 잠들게 하고 원폭참사를 두 번 다시 되풀이 하지 않기를 희구하면서 평화의 땅 히로시마 일각에 이 비를 건립했다. 고향산천을 그리면서 이국땅에서 폭사한 영혼들을 위로함은 말할 것도 없고 아직까지도 이해 받지 못하고 있는 한국인 피폭자의 현상에 대한 관심을 불러 일으켜 하루라도 빨리 양심 있는 지원이 실현되기를 바라마지 않는다. 한국인 희생자위령제는 매년 8월 5일 이 장소에서 거행하고 있다.

- 제일 한국청년 상공인연합회 및 유지 일동

부상자 5천 명은 귀환치료를 받던 중 최근 일본최고재판소의 심판에서 승소한 후 일본 후생성에서 살아있는 2천명에게 치료비를 주고 있다. 처음 치료요청을 했을 땐 '외국인은 치료해줄 수 없다. 미국정부에 요구하라' 냉정하게 거절하였다. 원폭을 초래한 책임을 망각한 후안무치다.

공원정문에서 택시를 타고 히로시마역에 도착하여 19:24발 후쿠오카행에 열차에 몸을 실었다. 1945. 8. 6.원폭으로 폐허가 된 히로시마는 계획도시로 다시 일어섰고 1995. 1. 15 대지진으로 또한 폐허가 된 고베시도 역시 백지상태에서 다시 계획도시로 재건했다. 이 두 도시는 철저하게 파괴된 참화 속에서 기적같이 일어선 일본의 저력을 보여주는 도시라 하겠다.

우리나라가 적자로 골머리를 앓고 있는 정책인 쌀·철도·건강보험 문제를 일본은 25년 전에 이미 쌀은 고가미로, 철도는 민영화로, 보험은 요율대폭인상으로 해결했다는 것이다. 참고할 만하지 않은가 해서 한 말이다. 21:30 후쿠오카 도착하여 역전 하카다(博多)호텔에 투숙하였다.

제5일 8월 25일(토)

07:00 호텔 뷔페 식 아침식사 후 08:20까지 모처럼 홀로 나와 후쿠오카 역전통 역사의 거리를 산책하면서 타이트하고 격렬했던 일본탐방을 정리해본다. JR pass를 세종대왕이 사주시어 마패처럼 내보이고 철도 열차를 골라 타고 다니면서 구석구석 일본풍물을 살필 수 있었다. 그야말로 암행어사가 된 기분으로 거침없이 어느 곳이나 기품 있게 출두하여 일본이라는 나라를 들어내어 살펴보아도 데모군중들이 도로를 점거하여 구호를 외치거나 도로가 주차장이 된 것을 보지 못하였다. 경찰관들도 보이지 않는다. 우리나라와는 너무나 다르다. 그래도 내가 살 곳은 아니다. 그러니 내 나라 내 고향 내 집으로 돌아갈 수밖에 없다. 출국준비를 위하여 09:00에 호텔에 들어가 챙길 것은 다 챙겨 나왔다.

09:30 하카다역에서 후쿠오카 국제공항행이다. 국내선 역에 내려서 무료 순환버스를 타고 국제선으로 가는데 한국 말소리가 버스에 가득하다. 김 선생 왈, 한국인 전용버스여! 김 선생은 잔무가 남아 2~3일 더 지체할 예정이다. 그간 나를 위하여

시종일관 보살피느라 애를 쓰셨고 오늘도 출국장까지 따라왔다. 나는 이별의 서운함을 "귀국하여 세종대왕께 상주(上奏) 하겠습니다. 마패출두(馬牌出頭)에 기여한 공로를 참작하시여 영의정에 제수하도록 탄원하여 꼭 영상에 앉혀 드리겠습니다."라고 싱거운 소리를 하니 껄껄거리며 대답하는 말씀, "공적심사가 그리 쉽게 끝나겠습니까. 마패출두가 많을 텐데요."

"그렇지가 않습니다. 나와 같이 열심히 살피고 즉시 보고하는 마패들은 별로 없습니다. 기대하십시오."

"그냥 인사동 칼국수나 한 그릇 사주세요. 영의정도 식후의 일이 아닌 감요."

출국수속을 마치고 무료를 달래는 고담준론(高談峻論)이라면 자화자찬(自畵自讚)일까?

10:30 김 선생과 작별하면서 빌린 만보기 시계는 돌려주고 JR pass는 교환한 후 김 선생은 동경으로, 나는 서울행 아시아나 국제선 탑승장으로 갈리었다.

57번 게이트로 나와 보는 3층 출국장 창문으로 들어오는 하늘은 엷은 구름이 비늘처럼 깔려있고 군데군데 파란 하늘이 수줍은 듯 드러낸다. 아직도 탑승시간 1시 18분전이다. 다국적 항공기가 날개에 자기나라 국기를 박아놓고 자랑한다. 보기가 참 좋다. 역시 탑승 대기자들은 의상·피부색·언어 등 다양한

데 결국 같은 비행기를 탄다. 이 역시 다양한 가운데 아름다운 조화다.

12:00 정각 만석이 된 항공기는 출발선으로 무거운 몸을 느릿느릿 움직인다. 출발선에 선 후 가속에 가속 드디어 이륙이다. 조금 지나 기내식을 들고 창밖 파란 하늘과 만 가지 모양의 구름과 비행기 날개 끝에 걸린 생각을 모았다 헤쳤다 해본다. 의자 밑에서 피어나는 꽃구름·바다·육지를 지나 13:04 인천 국제공항에 착륙하였다. 일상을 접고 이국땅 수만리를 돌아다닌 나그네는 안방으로 돌아가 휴식을 취하려한다.

13:30 공항 철도를 경로우대 800원에 김포공항까지 타고 가서, 공짜 5호선에 환승 집에 돌아와 다리를 쭉 뻗었다. 4박 5일간의 일본 마패출두는 끝났다. 이제 투자비 회수를 위하여 '기행수필'을 쓰는 일만 남았다. 상상의 끈이 단절되기 전에 마쳐야 한다는 생각에 벌써 땀이 송글송글 맺힌다.

(2007. 8)

맑은 영성과 뜨거운 열정으로

금년 여름 우리를 힘들게 했던 집중호우와 무더위를 뒤로 제쳐버린 설악 단풍은 백두대간을 타고 산산 촌촌 찾아다니면서 아름답게 수를 놓고 있습니다.

우리 양천문인들도 책 속에 넣어두었던 작품을 꺼내어 그림으로, 글씨로, 소리로 가꾸고 다듬어서 주민들을 찾아 나섰습니다.

'구민과 함께하는 시화전 및 낭송회'라는 간판을 달고 오늘부터 일주일간 지역사회 여러분을 모시고 감동을 나누고자 합니다.

감동은 인간의 무한한 잠재력을 일깨워 괴롭고 힘들고 외로운 것들을 떨쳐버리고 일어설 수 있는 동기와 지혜와 힘을 되찾아줍니다. 인간의 존재 의미를 깨우치게 하고 삶을 풍요롭게 합니다.

문학작품은 몰입을 통하여 비우고 채우는 고뇌와 성찰의 긴 산고 끝에 완성되어 인간의 지성과 영성을 높여 줍니다. 따라서 문학은 삶의 희망이며 구원입니다. 노벨문학상 수상작가 윌리엄 포크너도 문학은 '인간이 어떻게 극복하고 살아가는가'를 가르친다고 했습니다.

양천문인들은 이와 같은 문학작품을 들고 제1전시실로 주민을 찾아 나섰습니다. 부디 많은 분들과 공감을 함께하여 '가을 하늘과 같은 맑은 영성과 붉은 단풍과 같은 뜨거운 열정'으로 모두 함께 행복하기를 바랍니다.

오늘의 행사를 적극 지원해주신 이재학 청장님과 위형운 의장님 그리고 60만 구민 여러분께 무한한 감사를 드립니다.

그리고 자리를 빛내주신 내외귀빈 여러분께도 뜨거운 감사를 드립니다. (2010 제3회 양천문인회 시화전 및 낭송회 서문)

금융대란을 넘어 행복한 세상으로

작년 말 미국발 금융대란이 지구촌을 덮어 버렸습니다. 빛을 잃은 사람들은 추위에 떨고 있습니다. 세계 제1의 강대국이요 부자나라인 미국이 어쩌다 저런 망신과 수모를 당하는지 참으로 모를 일입니다.

여기서 우리가 주목할 것은 절제와 겸손, 예의와 염치란 덕목입니다. 물론 미국을 무례·몰염치하고 낭비·방자한 나라요, 국민이라 보지는 않습니다. 다만 국가나 기업 또는 개인이 전성기에 잠시라도 방일(放逸)하면 기강이 흔들리고 정신이 해이해져 사치와 낭비·향락에 빠질 수도 있습니다. 이런 경우 돌이킬 수 없는 쇠락의 길로 들어서는 것을 역사는 보여 줍니다.

대서양을 건너 신대륙에 상륙하여 나라를 세운 '건국의 아버지'

들의 기상과 노고를 이 시대 미국인들이 한 번이라도 되돌아보았던들 오늘과 같은 불명예를 뒤집어쓰지 않았을지도 모릅니다.

문제는 미국만의 문제가 아니라는데 있습니다. 세계 각국이 서로 거미줄처럼 얽히고설킨 글로벌시대에는 그 재앙이 모든 나라에 파급되어 고통을 받게 됩니다. 우리나라를 비롯한 세계 각국이 고통을 분담하면서 대란을 극복하기 위하여 팔을 걷어붙이고 나서는 현실이 이를 증거하고 있습니다.

창업보다 수성이 더 어렵다는 선인들의 말씀이 있습니다. 차제에 우리 국민들도 철저한 자기반성이 필요하다고 봅니다. 모든 국민이 근면 · 검소 · 절약을 생활신조로 하면서 저축과 수출의 길로 매진했던 압축성장기의 '새마을 정신'을 되새겨 후기산업사회의 황금 · 물질 · 기능 · 성과만능주의를 경계해야 합니다. 그리고 절제 · 겸손하고 예의 · 염치 있는 생활로 공생 · 공영하여 인정이 물결치는 사회를, 기강이 우뚝 서고 정체성이 뚜렷한 나라를 건설하기 위하여 '수레를 끄는 황소'처럼 뚜벅뚜벅 걸어갑시다. 마침 올해가 을축년 소의 해이니 소의 근면 · 성실성을 본받기를 주문해 봅니다.

우리 문인들도 이런 시대상황을 밝게, 바르게, 깊게 살피어 좋은 작품을 세상에 상재합시다. 그리하여 나와 내 가족, 이웃과 사회, 나라와 국민이 함께 일어나 제2의 도약으로 금융대란을 극복하고 나아가 선진국 대열에 확실하게 들어섭시다. 금융대란을 극복한 성공사례를 우리가 제일 먼저 세계만방에 발표하려면 '밭을 가는 소'처럼 뚜벅뚜벅 전진합시다.

'우보천리'의 깃발을 높이 들고 쉼 없이 가다보면 환난의 터널을 지나 태양이 찬란하게 빛나는 우리나라가 두둥실 춤을 추는 세계로 향도할 것입니다.

축배의 잔을 높이 드는 그때 순간을 우리 양천문인들은 놓치지 말고 형상화합시다.

끝으로 양천문단 제9집이 세상에 나오도록 도와주신 문학을 사랑하는 50만 구민과 추재엽 구청장님, 그리고 구의회 의원 여러분께 우리 양천문인들의 뜨거운 감사를 보냅니다. 고맙습니다.

(2009. 『양천문단』 제9집 권두언)

한 번쯤은 되돌아보는 여유를

급격히 변하는 현대사회는 인간의 정신적 기조가 흔들리는 방황의 시대이다. 이 시대를 사는 문인들의 사명은 말할 것도 없이 사람들의 영혼을 맑고 밝고 향기롭게 정화하는데 있다 할 것이다. 왜냐하면 문학에는 교시적 기능과 더불어 쾌락적 기능이 원천적으로 내재하고 있기 때문이다.

따라서 작품은 읽는 세상 사람들이 인생이 무엇이며 어떻게 살아야 하는지를 즐기고 감동하는 가운데 얼마나 깨우치게 하였는가를 한 번쯤 생각해 봄직도 하다. 자신의 작품이 철학이나 과학에서 다루는 것처럼 관념적인 지식을 강요하지는 않았는지, 단순한 흥미나 관능적 쾌락을 이끌어 내는데 그치지는 않았는지를 말이다.

작품이 괴테의 말처럼 인생을 가르치지 않고 감동으로 변화시키면서 그 감동은 인간의 미적 정서를 흔드는 지적체험이고 정신적 즐거움이어야 한다는 당위성에 근접하도록 각고의 노력을 해야 한다.

그런 과정 속에서 아리스토텔레스가 말한 카타르시스(마음의 정화작용)의 효과와 칸트의 '무관심의 기쁨'이 흘러넘치는 창작품을 세상 사람들 앞에 상제하여 혼탁하고 흔들리는 세상을 정화하고 안정시키는데 기여하여야 한다. 바로 이것이 이 시대 문인들의 역할임을 자각하였다면 부끄러운 마음이 피어올랐겠지만, 그렇다고 좌절하거나 포기하기는 아직 이르다. 더욱더 분발하여 초심으로 돌아가 분발하면 될 일이다.

너무나 무거운 말씀을 한 것 같다. 이 글은 아마도 나의 참회록이요 반성문인지도 모른다. 이런 자세로 창작에 임하는 문인들이 많으면 많을수록 문단의 격이 한층 올라갈 것이고 그 파급 효과는 사회 각계각층에 미쳐 흔히 말하는 나라의 품격까지도 올라가게 할 것이다.

창밖에는 개나리 꽃구름이 피어오르고 찔레향이 창문을 두드린다. 자연의 순환은 한치의 착오도 용납하지 않는다. 바로 이것이 진리요 근본이다. 우리 문인들도 사람일진대 '참사람' '참인간'으로서의 바탕을 탄탄히 다지면서 창작에 몰두한다면 세상을 밝게, 사람을 즐겁게 변화시키는 명작을 남길 수 있을 것이다. 우리 모두 자성하고 분발할 일이다. 옥고를 주신 양천문인들을 많이많이 사랑하고 존경한다.

끝으로 양천문단 제10집이 상재되도록 도와주신 50만 양천 구민과 구청장님 그리고 구의회 의원 여러분께 양천문인들의 뜨거운 마음을 모아 감사의 꽃다발을 드린다.

(2010『양천문단』제10집 권두언)

헌 시

- 양천구민께 드리는

오늘은 양천문학회가 창립된 지 10여 년 만에 시화전과 낭송회를 여는 뜻 깊은 날입니다.

이 자리에는 황금주말을 접으시고 우리를 축하하고 격려하여 주시기 위하여 추재엽 으뜸 구청장님을 비롯한 내외 귀빈께서 참석하여 주셨습니다. 참으로 고맙습니다. 그리고 힘이 솟구칩니다.

처음으로 개최하는 일이라 어설픈 감이 없지 않습니다. 그러나 '처음은 미약하나 나중은 창대하리라'는 말씀에 따라 앞으로 회를 거듭하면 할수록 알차고 빛나는 전시회가 될 것입니다. 많은 격려와 부탁드립니다.

오늘은 마침 시의 날입니다. 그 뜻을 살려 명품도시양천에 사는 보람과 희망을 담은 「양천찬가」를 으뜸 구민들께 헌시하면서 인사를 대신하겠습니다.

양천 찬가

\- 오희창

용왕산에
햇살이 쏟아진다
아! 복지낙원 양천에 서광이 어린다
나무들은 경배하고 새들은 노래하며
오목 내는 방글방글 웃는구나

천호(千戶)지 벌 만호(萬戶)지 터에
방방곡곡에서 모여들어
엄지산 신정산 갈산과 오목 내를
배산임수(背山臨水)하여 집을 짓고 길을 내니
햇빛도 고와라! 바람 맑아라!
서울에서 제일가는 복지(福地)로다

학문과 예술 꽃이 피고
예의염치 향기로운 동네-
사람 좋고 인정 많아
푸른 숲 · 맑은 물과
모든 생명들이 어울려
좋아라! 좋아라! 깔깔댄다

이리 좋은 마을 천하에 또 있을까

어화 둥둥 내 사랑 해 누리 마을
대를 이어 살아갈 우리들 세상!
사랑사랑 으뜸양천
가꾸어보세! 얼~쑤!

(무자년 첫날 새벽 용왕산 해맞이축제에서 낭송)

시화전과 낭송회는 그림과 글씨와 소리로 대중에게 다가가 호흡을 같이 하면서 생활을 즐겁고 행복하게 하는 창작활동의 연장선에 있다 하겠습니다.

앞으로 우리들은 주민과 함께하는 문학활동을 전개하여 해누리마을 사람들의 생활이 향기롭도록 노력하고자 합니다. 많은 격려 부탁드리면서 인사의 말씀을 줄이겠습니다.

(2008. 제1회시화전 낭송집 서문)

삶과 죽음 사이

세계 자살예방의 날(9월 10일)을 앞두고 통계청이 2010년 7월 25일 발표한 우리나라 자살률은 인구 10만 명 당 33.5명으로 OECD(경제협력개발기구) 회원국 평균 자살률 12.8명에 비해 월등히 높아, 세계 1위의 불명예를 안게 되었다.

자살은 생명을 스스로 버리는 행위로 모든 종교에서 타살(他殺)과 같이 가장 큰 죄악이라고 한다. 목숨은 자기의 것인 동시에 부모・형제・자매・이웃 그리고 나아가서 국민과 나라・하늘의 것이다. 따라서 세상에 태어났으면 살아야할 의무(사명)가 주어진다는 것을 알아야한다.

산다는 것은 사명을 수행하는 일이다. 사명을 수행하는 것은 일을 하는 것이고 일은 노력(고생)이고 투쟁이다. 그리고 배우고 사랑해야 한다. 산다는 것은 맡은 일을 하고 배우고 사랑한다는 복합개념이다.

첫째 산다는 것은 일한다는 의미다. 일은 노력(땀)과 투쟁(피)이다. '투지가 없는 자는 살 권리도 없다. 오늘은 싸우는 것, 내일은 이기는 것. 모든 날(끝에는)에는 죽는 것'이라고 빅토르 위고는 말했다. 여기서 투쟁이란 총칼 싸움이 아니라 선한 싸움이다. 일은 땀이 흐르고 피가 흐르고 고통이 따르는 고생(苦生)이다.

둘째, 산다는 것은 배운다는 것이다. 배움은 생각(연구)이고 개혁이고 발전이다. 따라서 진리 · 지식 · 기예(技藝) · 창의를 탐구 · 연마 · 개발한다. 이런 삶은 매일 매일 거듭나서 날마다 좋은 날이다.

셋째, 삶은 사랑한다는 것이다. 사랑의 속성은 열정이다. 자신을 포함하여 많은 사람 나아가 일체 만물을 아끼고 사랑한다.

인생은 더불어 살아가는 공생(共生)이요, 배우는 학생(學生)이요, 일하는 수고가 따르는 고생(苦生)이다. 따라서 삼생(三生)의 교향악이다.

살아있는 모든 것들은 죽음을 싫어한다. '개똥밭에 굴러도 이승이 낫다'는 속담과 같이 죽어 천당 · 극락을 간다 해도 살기를 원한다. 살기 위하여 눈물나는 투병생활을 하고, 죽음의 막다른 골목에 몰리면 살려달라고 절규한다. 세상에서 죽음보다 무서운 것은 없다. 죽음은 내 생명을 빼앗기는 것이요, 이는 나의 모든 것을 잃는 것이기 때문이다. 죽음의 길은 고통 · 고독 · 적막의 초행길이요, 전인미답(前人未踏)의 공포 · 불안 · 초조의 길이고, 모든 이와 영원한 이별이요, 모든 것을 포기하는 아쉬움이요, 억울함이니 가기 싫은 길이다.

그러나 하이데거는 '죽음을 똑바로 응시하는 자만이 참된 인생을 살 수 있다' 했고, 맹자는 '죽음 앞에 당당한 자를 대장부'라고 했다.

어느 시인은 세상에서 가장 아름다운 것은 '존재하는 모든 것이 제자리로 돌아가고 돌아오는 것' 환원이라 했다. 환원(還元)이란 자연원리에서 보면 '자연사', '병사'로 가장 아름다운 것이다. 죽음이란 혼자 가는 길이 아니라, 모든 사람이 다 가는 길이다. 시차가 있으나, 그것도 백년 미만이다.

죽음을 슬퍼하고 두려워함에는 정을 떼지 못해 통곡하는 유족의 모습에서 슬픔을, 시체처리(매장 · 화장)과정에서의 무상 · 공포도 추가된다.

생명의 중심인 영혼을 믿는다면, 죽음은 근심 · 걱정 · 고통 ·

고민・유혹으로부터의 해방・해탈임을 깨달아 오히려 축복이요, 기쁨일 것이다. 사람은 태어나서 한평생 살다가 세상을 떠나는 아주 자연스런 윤회임을 담담하게 수용할 일이다.

이와 같은 생사관의 맥락에서 여말선초 나옹화상의 법제자 함허 득통화상의 시 한수를 소개하면서 다원을 마감한다.

生從河處來 死向河處去(생종하처래 사향처거거)
生也一片浮雲起 死也一片浮雲滅(생야일편부운기 사야일편부운멸)
浮雲自體本無實 生死去來亦如然(부운자체본무실 생사거래역여연)

태어남(삶)은 어느 곳에서 오며, 죽음은 어느 곳으로 가는가?
삶은 한조각 뜬구름 일어남이요, 죽음은 한 조각 뜬구름 없어짐이라
뜬구름 자체가 본래 실다움이 없어 삶도, 죽음도 가고 옴도 이와 같거늘

사람이 태어나면, 육신이 있고 의식이 있어서 보고 듣고 말하고 행동한다. 그러나 육신은 인연에 따라 형성된 것으로 한순간도 그 상태로 머물지 않고, 매순간 변화를 거듭한다. 본래 그렇게 존재하는 실체가 아니라 여러 조건・환경에 의해 화합(化合)하여 일어나는 것이 마치 텅 빈 하늘에 구름이 생겨나는 것과 같다. 구름이 본래 있는 것이 아니라, 온도・습도·기류에 의하여 생겨나듯이 생명이 태어남도 여러 조건의 화합으로 생긴 것이다.

죽음도 역시 본래 실체가 있는 것이 아니라, 존재를 형성한 조건·환경의 변화에 따라 화합된 것이 흩어지는 것이다. 본래 텅 빈 하늘에 구름이 나타났다가 사라지는 것이 마치 인생이 태어났다가 죽는 것과 같다고 본다.

어째서인가 본래 실체가 없기 때문이다. 불변의 영혼, 자아가 있다면, 실체가 있기 때문에 뜬구름이 아니고 본래 텅 빈 허공도 아니라 하겠지만, 모든 존재는 실체가 없기에(諸法無我) 뜬구름이다.

뜬구름을 뜬구름인 줄 모르고 고정된 실체가 있는 줄로 알아 여기에 집착하는 것이 중생이다. 집착의 근거가 되는 육신이 인연(조건·환경) 따라 잠시 일어난 뜬구름과 같음을 통찰하면 연기(緣起)의 이치를 깨달아 육신의 속박에서, 생사의 굴레에서 벗어나게 된다. 아! 해탈 해탈이로다.

감흥 속에 보람을

수필가 다섯이 고산이 노래한 「오우가」, 송죽과 수석 그리고 달을 벗 삼아 '五友문학회'를 만든 지 10년이 훌쩍 지났다. 그동안 뜻을 같이하는 문인들을 받아들여 지금은 10여 명이다. 매월 서로 작품을 윤문해 주면서 좋은 작품을 모아 동인지를 발행하였는데 금년에는 『오우수필』 제5집을 상재한다.

책머리에 우리들의 정신적 지표인 솔·대·물·돌·달의 감흥을 독자들과 나누고자 한다.

내 벗이 몇이나 하니/ 송죽과 수석이라
동산에 달 오르니/ 긔 더욱 반갑고야
두어라 이 다섯밖에/ 또 더하여 무엇하리(序)

구름 빛이 좋다 하나/ 검기를 자조 한다
바람 소리 맑다 하나/ 그칠 적이 하노매라
좋고도 그칠 뉘 없기는/ 물뿐인가 하노라(水)

꽃은 무슨 일로/ 피면서 쉬이 지고
풀은 어이 하여/ 프르는 듯 누르나니
아마도 변치 아닐손/ 바위뿐인가 하노라(石)

더우면 꽃이 피고/ 추우면 닢 지거늘
솔아 너는 어찌/ 눈서리를 모르는다
구천에 뿌리 곧은 줄을/ 글로 하여 아노라(松)

나모도 아닌 것이/ 풀도 아닌 것이
곧기는 뉘 시기며/ 속은 어이 비었는다
저렇고 사시에 프르니/ 그를 좋아 하노라(竹)

작은 것이 높이 떠서/ 만물을 다 비취니
밤중에 광명이/ 너만 한 이 또 있느냐
보고도 말 아니 하니/ 내 벗인가 하노라(月)

결백 · 강직한 성품이 묻어난다. 고산 선생(1587-1671)은 국문학사상 시조문학의 제1인자로 가사문학의 대가인 정철 · 박인로와 더불어 조선시대의 삼대가인(三大歌人) 중 한 분이다. 선생의 생애 대부분이 간난과 고초로 점철된 유배생활 중에 순수 우리말로 시조문학의 꽃을 피운 점은 우리 민족에겐 고맙고 행복한 일이다.

오우정신으로 작품 활동에 정진하다 보면 오우회원도, 세상도 더욱 밝아질 것을 믿어 의심치 않는다. 부드러운 눈길을 모아주는 많은 사람들에게 따뜻한 감사의 마음을 오롯이 전한다.

(2012. 『오우수필』 제5집 머리말)

숭조전(崇祖殿) 건립에 동참합시다!

- 전국 오씨선조를 모시는 제각건립성금모연문

무혜공 첨(瞻)자 할아버님께서 서기 500년 왕명으로 김종의 따님을 배필로 삼아 함양 땅에 살림을 차리시고 긍(肯)과 응(膺) 아들 두 분과 따님(夫:昔氏) 한 분, 삼남매를 낳아 뿌리를 내리시니 드디어 한국 땅에 오씨의 하늘이 열렸습니다.

이로부터 1500년 세월이 면면히 흐르는 동안 일조만손(一祖萬孫)으로 번창(繁昌)한 우리 오씨는 오로지 동조동근(同祖同根) 사상으로 태평성대는 슬기롭게 살고, 전쟁 · 기근 · 질병 등 대환란(大患難)에는 서로의 역량과 지혜를 모아 극복하면서 오늘에 이르러 우리나라 285개 성씨 중 11번째 대성(大姓)으로 성장하였습니다.

한국의 종친 여러분! 그리고 해외종친 여러분!

이쯤 되면 관파(貫派)를 불문(不問)하고 오씨로서 가슴을 펴고 당당하게 살아갈 수 있는 자부심과 긍지가 생기지 않습니까?

이는 조상님들의 크나큰 은덕이니 자손된 사람이면 어찌 받들어 섬기지 않을 수 있으며, 후세에 기리어 귀감(龜鑑)을 삼는데 소홀함이 있으리오.

이와 같이 훌륭한 오씨 1500년 역사를 더욱 빛내고자 오억근 총재께서 숭조전(崇祖殿)을 건립하여 시조(始祖) 첨자 할아버님으로부터 23세 병조판서 수(守)자 권(權)자 할아버님까지 누대 조상님들을 함께 모시고 제의(祭儀)를 올리려 노심초사(勞心焦思)하고 있습니다.

그간 20억 2천만 원을 쾌척, 고려 왕건 태조와 장화황후의 아름다운 이야기가 얽힌 나주시 삼영동 소재 완사천 뒤편 내영산(乃榮山) 새매봉에서 미륵(彌勒)골에 이르는 산 만이천 평과 논 이천삼백평을 오씨대동종친회 명의로 구입하여 터를 닦아 숭조전 공사를 진행하고 있습니다. 연못과 주차장은 이미 완공하였고, 진입도로(폭5m)를 준공하여 국도와 연결시켰습니다. 숭조(崇祖)하고 목종(穆宗)하는 걸출한 인물인 오억근 총재께서 이토록 솔선하시니 우리의 성지(聖地)가 장엄하게 전개될 날이 머지않았습니다.

이 나라에 사는 모든 오씨 종친 여러분! 우리 모두 하나같이 떨쳐 일어나 처지(處地)와 능력에 따라 숭조전 건립에 흙 한 삽이라도 보태는 성심(誠心)을 보입시다.

만물(萬物) 중에 사람만이 성(姓)을 이름과 같이 사용합니다. 성은 바로 출생계통(出生系統)을 나타내기 위하여 이름 앞에 붙이는 칭호(稱號)입니다. 이는 곧 한 혈통을 잇는 겨레붙이를 뜻합니다. 따라서 다른 종족(種族)과 구별하는 호칭입니다. 그간 우리는 해주·동복·보성 등 여러 관파(貫派)를 오씨 앞에 붙여 사용하여 왔으나 한국에 사는 모든 오씨는 첨(瞻) 자(字) 할아버님을 근원(根源)으로 하는 한 할아버지 자손이요, 같은 뿌리임을 누구도 부인(否認)하지 못합니다.

세상에는 부르고 듣기에 거북한 성씨가 많습니다. 그러나 '오' 자는 부르고 듣기에 점잖고 부드러워 좋고, 모두를 아우르는 소리글로 나라(國家)를 뜻하니 참으로 좋습니다. 오(吳) 자(字)를 성으로 사용할 수 있도록 물려주신 조상님들께 감사하고 존경하는 마음으로 성심을 다해 숭조전 건립에 참여합시다!

만시지탄(晩時之歎)을 아프게 되새기면서 숭조전에 모셔질 상대조상님들께 그간의 궐사(闕祀)·비례(非禮)·불경(不敬)한 마음을 참회(懺悔)하는 자세로 성역화사업(聖域化事業)에 십시일반(十匙一飯) 적극 동참합시다!

그리하여 이 시대를 사는 자손으로서의 도리(道理)를 다하여 후세(後世)에 수범을 보이는 조상이 됩시다. 앞으로 천천세 만만세가 다하도록 우리 오씨종족(宗族)이 창성(昌盛)하여 이 나라와 전 인류를 위하여 크게 기여하도록 탄탄한 뿌리가 됩시다. 거름이 됩시다. 종친 여러분!

감사합니다.

상임고문 삼호당 오희창

(2009 오씨대동종친회 종보 제4호)

당락에 일희일비 말고 더욱 정진하기를

지난해에 이어 올해도 수필작품 심사를 맡게 되였다. 문학은 언어를 매개로한 인생의 표현으로서 독자들에게 삶의 의미를 제시하기도 하고 즐거움을 주기도 한다. 이런 면에서 문학의 여러 장르 중에서 수필이 단연 앞에 설 수 있다고 본다.

잘 아는 바와 같이 수필은 인생이나 자연의 모든 사물에서 보고 듣고 느낀 것이나 경험한 바를 내용이나 형식에 구애 받지 않고 붓 가는 대로 쓰는 글이다. 창작문학에 가까우면서 순수 창작이 아니고 비평적이면서 순수한 비평이 아니다. 그러면서도 사물을 관조하여 그 의미와 상황을 제시하기도 한다. 또한 서정과 서사에 의한 감동이나 흥미를 유발하면서 다른 문학양식을 적절히 원용하여 그 영역을 넓혀간다. 사물을 소재로 하니 훗날에는 역사요, 보고 듣고 느낀 바 생각을 드러내니 철학이요 이에 감성이 더해지니 문학이다.

따라서 좋은 수필은 역사 · 철학 · 문학의 삼대 요소가 조화롭게 녹아들어야 명수필로 독자들에게 감동을 주어 큰 반향을 일으킨다. 이런 수필은 알맞은 단어의 선택과 문맥의 자연스런 흐름 그리고 호흡이 맞아 이성과 감성을 흔들어 놓는다.

이와 같은 관점에서 살펴본 결과 교정가족 응모작에도 인간 교정의 숭고함, 투철한 직업관, 교정행정에 관한 국민의 몰인식에 대한 서운함, 중형 수용자와 문제수용자 교화과정에 녹아든 인류애, 가족 간의 진한 사랑 등이 진하게 묻어난다.

그리고 이 시대 교정인들의 비전과 인생관이 깃발처럼 날리고 있다. 이 점은 선배 교정인의 한 사람으로서도 큰 보람과 기쁨을 감출 수 없다.

다음 응모작품을 모두 읽어본 결과 공통지적사항과 동시에 심사항목 중 비중이 높은 문학성과 문장구성에 유의할 점을 설명하겠다. ① 문장이 너무 길면 숨이 막힌다. 리듬과 박자가 끊어져 죽은 글이 된다. 중간 중간을 쉬(끊)는 기술을 익힐 일이다. ② 단어의 선택을 잘해야 문장이 부드럽다. ③ 같은 말, 같은 문장을 반복 사용하면 진부한 감이 있다. 부득이한 경우 뜻을 풀어쓰면 된다. ④ 문장과 문장 사이의 연결이 매끄러워야 한다. 그렇지 않으면 흐름이 끊어진다. ⑤ 표준말, 띄어쓰기, 정확한 부호사용은 기본이다. ⑥ 다양한 독자들을 대상으로 하니 종교적 주제나 표현은 가급적 삼가는 것이 좋다. 모든 독자들이 호의적으로 다가올 수 있게 말이다. 간증록이나 신앙 수기는 물론 예외다. 느낀 대로 적어보았으니 참고하기 바란다. 입에는 쓰나 몸에는 약이라 하지 아는가?

몇날 며칠을 쓰고 고치기를 여러 차례 반복한 자신의 작품은 세상에서 최고라는 생각이 든다. 자기최면에 걸렸기 때문이다. 그러나 동료 또는 기성작가에게 윤문을 부탁하여 보면 새로운 오류와 함정이 드러난다. 이런 과정을 여러 번 거쳐야 진짜 글쟁이가 된다. 그렇지 않으면 자기 글에 도취하여 한 발자국도 앞으로 나가지 못한다.

응모작 모두가 도토리 키재기다. 입선에 2~3점 모자랄 뿐이다. 어쨌든 공모에는 당락이 갈리게 마련이다. 생각 같아서는 모두 '장원이요!' 징을 치고 싶다. 그만큼 응모작품 모두가 우수하기 때문이다. 당락(當落)에 일희일비(一喜一悲)하지 말고 더욱 정진할 일인 게다.

고심 끝에 장원으로 「쟁기를 잡고 뒤를 돌아보지 말라」를 뽑았다. 필자는 일자무식 농사꾼 아버지의 이야기를 썼다. 중2때에 지게로 54kg 벼 한 가마를 져서 아버지를 기쁘게 해드렸으며 그전에 젓가락질과 낫질을 배우고 쟁기질마저 배우려 하였으나 '쟁기를 잡고 뒤를 보지 말라'는 말씀만 배웠다. 자식을 낳아 기르면서 별로 가르치지 못한 처지에 아버지를 그리는 애틋한 마음을 잔잔하게 전개한 참 좋은 작품이다.

차상 「내리사랑」은 아내의 임신 출산 양육을 도우면서 온전한 아버지가 되는 기쁨과 자신이 부모님에게 흠뻑 받은 사랑을 재삼 새기면서 내리사랑의 참 뜻을 기린 좋은 작품이다.

나는 여러분이 자랑스럽고, 또 대단하다.

사랑하는 후배 교정인들이여!

교정인으로서 문화사에 빛나는 별이 되지 않겠는가!

(2009. 제64주년 교정의 날 기념 현상공모 수필작품 심사총평)

문학은 공감을 통하여

시인은 '제2의 창조자'라는 말이 있다. 일체만유에 관한 의미와 감성을 재구성하는 형상화를 통하여 사람들에게 감동을 주기 때문이다. 이를테면 길 가에 나부끼는 코스모스를 보자. 보는 사람마다 느낌이 다를 것이다. 필자는 제1시집 『코스모스』에서 '한 줌도 안 되는 허리로 태풍을 잠재운 절개로, 실오라기 목으로 태양을 삼킨 단심으로'(시 「코스모스」 중 일부) 노래했다.

하늘거리는 여리디여린 코스모스를 보고 '절개'라 '붉은 마음'이라고 새로운 의미를 찾아내니 뜻밖의 사변이 아닌가. 이런 맥락에서 시인은 제2의 창조자라고 하는 것이다.

다시 말해서 시는 사상과 정서를 함축적이고 운율적인 언어로 형상화한 운문문학의 한 갈래이다. 따라서 주제・운율・형상・정서라는 4대 요소에 시어・행・연・운율의 형식적 요소를 보태야 시로서 성공한 작품이다. 여기에 예술성・함축성・파격성・자유분방성・다의성・가의성을 더한다면 금상첨화라 하겠다.

그리고 시는 짧은 글이다. 시(詩)자를 풀어보아도 선비(士)는 말씀(言)을 짧게(寸)한다는 뜻이다. 만단설화를 짜고 쥐어짜서 핵심을 짧고 은밀하게 드러내야한다. 따라서 서술적일 수는 없다.

그리고 숱한 퇴고에 퇴고를 거듭하여 정교한(운율・심상・조어・정조・함축・반어・역설・풍자 등) 시어 선택으로 탄탄하게 구성한다면 천세만세 사람들이 공감하는 명작을 세상에 남길 수 있을 것이다. 공감은 사람들에게 즐거움을 주고 위로와 희망 그리고 지혜와 용기를 주며 존재의 의미를 깨우치게 한다. 공감의 영역이 넓고 깊은 작품이라야 명작이다. 심사위원으로서 이상과 같은 시론을 펼쳐 보임으로서 작품 심사 기준을 다 털어놓는 셈이다.

제65주년 '교정의 날' 문예현상공모에 참여한 여러분들은 입선 여부를 떠나 제2의 창조자로서 많은 사람들에게 감동을 나누어주어 행복하게 살도록 한다는데 자부심을 가지고 정진하기 바란다.

사실 응모작품 하나하나 떼어놓고 보면 크게 흠잡을 만한 작품은 별로 보이지 않았다. 그러나 모두 다 장원으로 뽑을 수 없는 것이 현상공모제도임을 잘 알리라 본다. 따라서 낙선작은 있게 마련이다. 작품 심사 때마다 낙선 작가들에게 가슴 저려 오는 미안한 마음을 주체하기 힘이 든다. 그런 가운데에 「푸나무서리 風景」을 장원으로, 「태풍 이후」를 차상으로, 동시 「고뿔 나무」를 차하로 선정하였다. 당락을 불문하고 현상공모에 응모한 여러분은 부디 낙심치 말고 '노벨문학상에 도전한다'는 새로운 각오로 정진하여 문화사에 빛나는 별이 되기를 바란다. 교정인 여러분! 존경하고 사랑합니다.

(2010. 제65주년 교정의 날 형상공모 시부문 작품심사 총평)

4.

불꽃 한 송이

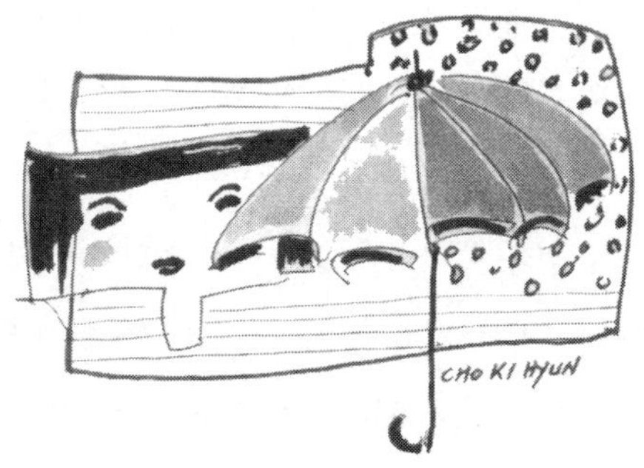

문화예술이 꽃피는 동네

햇빛 곱고 물빛 맑은 해누리 마을 양천에 가을이 왔습니다. 올해도 어김없이 문화의 달 10월에 백일장과 사생대회, 휘호전이 열려 기량을 마음껏 겨루어 큰 성과를 거두었습니다.

이를 계기로 문화예술이 숨 쉬는 동네, 살기 좋은 희망 양천이 되도록 구민 모두가 힘을 모아야겠습니다.

백일장에는 많은 분들이 참여하여 '희망' '가을' '어머니' '봉사' 등 4개의 주제 중 하나를 선택하여 3시간 동안이나 있는 역량을 다 발휘하여 좋은 작품을 제출하였습니다.

백일장 심사위원들도 이런 열정적 호응에 답하고자 주제의 선정 관리 공개 작품심사 당선작 선정 발표 등이 그 어느 회보다 공정하고 엄격하였음을 자신 있게 밝혀둡니다.

앞으로도 올해와 같은 주제관리 · 작품심사 시스템이 작동된다면 누구든 마음 놓고 응모하고, 또 심사결과에 만족할 것입니다.

따라서 양천백일장 출신 작가들이 우리나라 문화의 중심에서서 다양한 문화의 향기를 꽃 피우고, 나아가 노벨문학상 단골손님으로 자리매김하기를 기대합니다.

금번 작품 종합전이 성공할 수 있도록 주최하고 도움을 주신 이 경동 양천문화원장님과 이재학 양천구청장님을 비롯하여 관계하신 여러분께 고마운 마음을 전합니다.

(2010. 제11회 양천구민 문화의 달 안내책 서문)

박수갈채소리가 저만치

갈채 동인들의 작품집 제16호 『빛이 되고 길이 되어』 상재에 앞서 변함없이 성원해주신 많은 분들께 감사한다. 그리고 오랜 세월 고달픈 창작의 터널을 쉼 없이 달려온 동인들의 작품이 이제는 박수갈채를 충분히 받을 만하다는 자부심으로 가슴이 뿌듯하다.

러시아의 시인 투루게네프는 시를 '신의 언어'라고 했다. 인간의 언어 중 가장 창조적인 언어라는 것이다.

그리고 토인비는 '20살에 시는 연극이란 걸 깨달았으며, 가끔 시를 갱도 속 함정에 빠져 미칠 것 같은 불안 속에서 자기를 구해줄 다른 광부들이 오기를 고대하는 사람에게 생기를 주는 희망과 비교해 시인은 성자(聖者)여야 한다.'라고 하였다. 그가 말한 성자의식은 하나의 빛으로 보아서 시인은 그 빛의 실상이 되어야 한다고 생각한다.

나는 '인간의 삶을 가장 아름답게 꽃 피우는 것'이 시라고 생각한다. 그 이유는 진실을 말하기 때문이다. 진실은 언제 어디서나 빛나는 것이다.

시간은 세월이 되고 흐르는 세월은 새치를 서리꽃으로 피어나게 하여 우리 동인들을 완숙의 경지에 밀어 올려놓았다.

이제는 우리들의 시어가 혼돈과 절망의 늪에서 허덕이는 세상 사람들의 길이 되고 빛이 되어 박수갈채소리가 저만치 달려오고 있지 않은가?

갈채동인들은 앞으로 '갈채'라는 이름값을 하기 위하여 더욱더 분발 정진할 것을 다짐한다. 그리고 따뜻한 눈빛을 모아주는 세상 사람들에게는 성심을 다해 고맙고 감사한 마음을 오롯이 전하는 바이다.

(2011. 갈채동인 제16집『빛이 되고 길이 되어』서문)

복돼지의 해가 열렸습니다

2007년 복돼지 황금돼지의 해가 열렸습니다.

지난해의 어렵고 힘든 일, 어둡고 삿된 생각들은 모두 사라지고, 즐겁고 행복한 일, 밝고 바른 생각들로 소망이 성취하는 보람찬 새해가 열렸습니다.

여러분! 복돼지 꿀돼지가 건강과 행복을 머리에 이고 여러분의 꿈속으로 달려가네요. 돼지꿈 꾸세요. 그리고 하는 일마다 대박 터트리세요.

여러분! 양천구민 여러분!

우리 동네가 어떤 동네입니까? 천하제일의 복(福)된 동네입니다. 옛날 진인(眞人)이 말하기를 '천호벌판에 엄지(용왕)산 · 자양산 · 갈산과 오목내를 배산임수(背山臨水)하여 만호(萬戶)- 많은 사람들이 모여들어 집을 지어 동네를 이룬다.'는 예언대로 해누리 마을을 이루어 옹기종기 정답게 모여 살면서 월정로 신곡시장에서 반찬거리 장만하여 저녁밥 지어먹고 은행정에 달 솟으면 정량고개로 임 맞이 가기도, 시루고개 넘어 장끼 울면 오목내 목욕하고 엄지산 신령님께 치성 올리던 아낙네의 정성으로 수수백년 가꾸어온 동네입니다.

이런 동네에 마천루 들어서고 사람이 모여들어 예술과 학문을 좋아하고 예의염치 숨 쉬는 동네 햇살 가득 끌어안은 나무, 풀, 꽃들이 깔깔거리고 녹지대 우거진 숲은 오순도순 속삭이며, 오목내에는 철새가 물놀이하여, 사람과 나무와 새들이 어울려 사는 서울장안 제일의 복지(福地)입니다.

동네사람들은 부지런하여 서로 도와 화목하고 청소년들은 열심히 공부하며 꿈을 키웁니다. 젊음을 절제하여 조화롭게 표출하고 어른들은 윤리 · 도덕의 표상입니다. 공무원들은 청렴 · 성실한 심부름꾼으로, 소외 · 빈곤 · 질병에 허덕이는 사람들의 도우미로, 불법 · 부조리 없는 명랑사회 지킴이로, 복지 · 문화 · 예술의 창출자로서의 본분을 다하고 있습니다.

이렇게 각계각층 주민들이 화목하게 사는 양천사람들은 걷고 싶은 거리에 몰려 나와 별이 빛나는 밤에는 고향을 그려보기도, 새벽마다 공원에 모여 체조로 몸을 달련하기도, 시와 서예를 감상하기도 합니다. 젊음의 거리에서 사랑을 속삭이기도, 청소년 문화의 거리에서 새소리 · 꽃향기에 취하면서도 빛과 통신의 시대를 여는 새로운 학문연마를 고뇌하며 희망을 키웁니다. 남녀노소 모두가 행복 · 건강 · 보람을 아우르는 한마당을 축제를 열어 춤추며 어울리는 밝고 즐거운 표정이 양천이 천하제일 가는 동네임을 증거 합니다.

아! 양천, 양천은 우리들의 희망이요 자랑입니다.

자부심과 긍지로 가꾸고 사랑합시다.

(2007. 양천뉴스 161호 신년축사)

오성인 교육헌장의 생활화를

우리 오성인이 현재(現在) 누리고 있는 영예(榮譽)와 긍지(矜持)는 천년세월(千年歲月) 조상님들로부터 물려받은 음덕(陰德)이요, 정신적 유산(精神的 遺産)이다. 이를 더욱 연마(鍊磨)하여 천만세 후손(後孫)들의 알차고 빛나는 인격형성에 이바지 하도록 온전하게 물려주는 것이 우리들의 책무라고 본다.

특히 편리 · 안락 · 물질 · 황금 · 공리(功利) · 개인주의에 치우친 젊은이들의 정신적 가치를 바로 새워야 할 현실을 감안할 때 더욱 긴요(緊要)하다.

그리 하려면 우선 이 시대를 살아가는 오성인들이 실천 봉행할 정신적 지표(精神的 指標)를 세워 놓고, 늘 마음속으로 다지면서 살아야 한다. 바로 이것은 조상님들의 유덕(遺德)을 기리는 일이요 자손들의 본보기인 것이다. 나아가 만인(萬人)의 표상(表象)으로 우뚝 서는 길이기도 하다.

이런 가풍(家風)이 오성인 가가호호(家家戶戶)에 자리 잡는다면 '오성인은 뭔가 달라! 그래! 암 다르고 말고지!' 하는 세상 사람들의 칭찬·선망의 말이 자자(藉藉)할 것이다. 따라서 우리 오성인은 나라를 향도(嚮導)하는 양반(兩班)의 대표주자요 백성을 일깨우는 선각자(先覺者)로 존경받을 것이다.

우리 오성인 모두는 이런 시대를 구현(具顯)하여 천만세 이어가도록 '오성인 교육헌장'을 감히 불초 소생이 제정하여 세상에 내어 놓는다. 이에 동 헌장을 대소문중 제향이나 화수회 종친회 등 행사에는 반드시 낭독함은 물론, 가슴 속에 담고 살면서 일상생활에 실천하기를 충심으로 바란다.

'오성인 교육헌장(教育憲章)' 생활화 운동에 종친 여러분의 적극적인 동참(同參)과 뜨거운 성원(聲援)을 기대하면서 오성인 만세! 만세!! 만만세!!!

(2010. 9. 오씨 대동종친회 종보 제6호)

복지낙원 으뜸양천 만만세!

미국발 금융대란은 전 세계를 먹구름으로 덮었다. 언제 장대비가 쏟아질지 아무도 모른다. 우리나라는 10년 전 IMF금융신탁통치를 슬기롭게 극복한 경험이 있어 이번에도 제법 의젓하게 대처하려고 정부는 고심하고 있다

그러나 희망은 있다. 해누리마을 양천구민의 빛나는 눈동자, 따뜻한 손길, 힘찬 발걸음과 적극적이고 긍정적인 생각, 그리고 말과 행동을 보라!

바로 '하면 된다'는 긍정의 힘이 20년 전 서울 변방 이곳, 이 주민이 오밀조밀 모여 살던 마을이 상전벽해(桑田碧海)와도 같이 화려하게 탈바꿈하지 않았는가. 이처럼 사람들의 몸과 마음을 하나로 모아 빛을, 희망을 지향하면 햇살이 쏟아지고 먹구름은

흩어져 세상은 밝아진다. 꿈이 이루어진 우리 고을의 빛나는 성공사례를 살펴보면서 희망을 갖자. 독도를 저희 땅이라 헛소리하는 일본인들을 깨우치기 위하여 양천구민이 모두 일어서 2005년부터 독도사랑양천마라톤, 독도사랑도보행진, 독도사랑음악회 등 다양한 독도사랑운동을 펼쳐 독도사랑 선봉구가 되었다.

양천은 순환도로 · 외곽도로 · 간선도로 · 전철 2호선, 5호선이 매끄럽게 교차하고 있다. 앞으로 경전철이 심장부를 그림처럼 지나가 사통팔달(四通八達) 연결되면 사람이 모여드는 서울 서남권 중심도시, 서울시에서 제일 살기 좋은 동네가 될 것이다.

옛날부터 천호지벌 만호지터라던 양천에 한국 최초 최대의 신시가지 아파트 조성으로 한껏 품격을 높였고 착공을 앞에 둔 뉴타운이 준공으로 이어지는 날 우리 양천은 균형 잡힌 명품도시로 거듭날 것이다. 그리고 군데군데 목마 · 파리 · 오목 · 양천 · 신트리 · 오솔길 · 장수공원과 적당한 거리를 두고 자리 잡은 용왕산 · 칼산 · 지양산 · 신정산은 휴식공간과 도시의 허파구실을 톡톡히 하고 있다. 백운계곡에서 발원하여 학의천, 도림천 등을 품어 안고 흐르는 오목내는 한강으로 들어가고 냇가 운동장 · 쉼터에서 운동과 휴식을 하고 자전거 길과 조깅 · 워킹 코스를 따라 서울 한복판을 가로질러 오갈 수 있다.

쉬면 걷고 싶은 것이 당연지사, 고향의 길을 비롯하여 해와 달 · 젊음 · 사랑 · 바람 · 어울림 · 겸제 · 배움 · 축제 · 빛과 통신 · 꽃향기와 새소리 · 평화 · 어울림 · 방아다리 · 청소년 문화의 거리들을 취향에 따라 골라가며 거닐다가 시와 묵향의 거리에서는 문화의 정수를 한껏 누리면 어떨까. 목동종합운동장 · 야구장 · 빙상경기장에서 대형경기를 즐겨 관람할 수 있다.

쇼핑의 원조인 재래시장은 환경개선으로 잘 정비되었고 패션을 주도하는 로데오거리와 백화점이 있으며 문화원과 백화점 영화관 공원에 있는 야외공연장에서 공연물을 감상하고 양천문화회관에는 고전 클래식, 오페라, 재즈, 팝 연주로 구민이 수준 높은 문화생활을 누릴 수 있다.

이와 같이 숨차게 달려오면서 돈과 땀과 열정으로 일궈낸 여러 시설물들은 생활의 질을 한껏 높여 양천구를 편리함과 사랑이 가득한 아름다운 명품도시에 올려놓았다. 그렇다고 민선3기와 4기에 추진되는 비전양천 2020사업이 다 마무리된 건 아니다. 남은 사업 20%는 갈산과 달마을 근린공원 조성, 남부순환도로 구조개선, 서부트럭터미널 앞 지하차도 건설, 신월정수장 생태공원조성, 안양천 정비녹화, 해누리타운 · 계남공원 다목적 체육관 건립이 진행 중이다.

더불어 인정이 따뜻한 사람이 모여 사는 동네에 50만 구민

자원봉사 생활화하기 운동이 활발히 전개되고 있다. 노인요양원과 치매지원센터 건립과 운영, 전국 지자체 중 제1호 푸드마켓인 해누리마켓 경영으로 끼니 거르는 사람이 한 사람도 없는 복지낙원이고, 양천사랑복지재단 설립과 동시에 영아·청소년·여성·장애인·어르신 복지체제완비로 낙원이 되었다.

특히 교육환경 개선 으뜸구로 특목고 진학률이 전국 1~5위를 차지하니 조상으로부터 물려받은 전통을 자랑할 만하다. 뿐만 아니라 예절바르고 염치 있는 생활문화 형성에 힘을 모아 기품 있는 양반동네로 거듭 나고 있다.

2008년은 양천구 개청 20주년이 되는 해, 인구 50만이 넘는 자치구로 우뚝 섰다. 민선 제1~2기를 창업기로 보면 제3~4기는 중흥기다. 제3~4기 구청장으로 능력을 인정받아 주민의 부름을 받은 추재엽 구청장은 명석하고 부지런하여 1,200명의 직원과 함께 으뜸양천구를 건설하는데 앞장선 행정의 달인이다. 그리고 행정 각 분야 평가심사 때마다 외부기관 평가 최우수상 아니면 1등상을 독차지하여 그 상금으로 숙원사업에 박차를 가하였다. 마음이 넓고 깊은 양천구의회 이성국 의장을 비롯한 18명 의원의 알찬 의정활동도 높이 살만하다. 2038년 양천구 개청 반세기 날 폭죽이 하늘을 장식하는 가운데 전국에서 으뜸가는 복지낙원에 사는 행복한 사람으로 거듭나기를….

보람과 자부심을 갖고 지역발전에 동참하는 으뜸구민으로 살아가기를 기대하면서 으뜸정신이여! 영원하라!

해누리마을 만세! 양천구 만만세!

*구청 제공자료를 참고하여 작성

(2008. 12. 12. 양천공원에 캡슐로 매설. 양천문단 제10호)

불꽃 한 송이

첫 시집을 상재한 지 십년이 다가온다. 그간 발표한 작품을 모아보니 3~4권은 엮을 수 있겠다. 그러나 시다운 시가 몇 편이나 될까? 생각해보면 자괴감에 푹 빠져 출판을 미루고 미루어 왔다. 이제는 한계점에 이른 것 같다.

차제에 '시란 무엇인가?' 자문해 본다. 난해한 사전적 의미는 유보한다. 나름대로 '시란 자신의 삶에서 얻은 체험과 느낌을 진솔하게 자유로운 형식과 새로운 시각으로 함축하여 쉽고 짧게 표현하여 울림을 주는 글이다'라고 소박하게 정의해 본다. 이런 맥락에서 나는 '시인이 시를 읽어도 감을 못 잡는 난해한 시'는 쓰지 않겠다는 일관된 생각으로 쉽고 편안한 시어를 골라 시를 쓰려고 애를 써왔음을 고백한다.

이제야 움츠러들었던 가슴이 확 트인다. 시집을 상재할 수 있는 용기가 솟는다.

오랜 망설임의 끝자락에서 태어난 『불꽃 한 송이』를 곱게 봐 주기 바란다.

평설을 써준 이창년 사백님과 책답게, 시집답게 편집하고 출판하는데 애를 써준 한맥 김진희 사장님과 임직원 여러분께 고마운 마음을 오롯이 전한다.

(2011. 제2시집 『불꽃 한 송이』 책머리에)

시름과 고통을 지우는 노래꾼들

금년 여름은 무척이나 더웠고 비는 무던히도 내려 어려운 살림살이에 찌든 서민들을 힘들게 하였습니다. 그러나 매미들의 화음이 있어 고통과 시름을 달래면서 견뎌냈지 싶습니다.

매미는 길게는 5년 동안 어두운 땅 속에서 인욕을 하다가 여름철에 광명천지로 나와서 한 달 동안 몸을 말리면서 노래를 합니다. '불자들아! 인욕은 수행의 첫째 덕목이니라' 하고 합창을 합니다. 하늘이 높아지면 매미는 귀뚜라미에게 음성공양을 부탁하고 사라집니다.

귀뚜라미는 지혜를 상징합니다. '모든 일에 달통(達通)한 사람을 7월 귀뚜라미'라고 합니다. '인욕은 지혜의 어머니요. 성불의 지름길이다.'라고 청아하게 노래하여 고통과 아픔을 기쁨으로 바꿔줍니다.

여기 매미와 귀뚜라미 그리고 꾀꼬리 같이 사계절 부처님 노래를 불러 고해중생을 제도하는 아름다운 연화합창단 보살들이 있습니다. 나는 이들을 볼 때마다 연꽃이 되는 것 같습니다. 아름답고 맑고 향기롭게 살고 싶습니다.

합창단 보살님들의 물러남이 없는 정진을 서원합니다.

박수갈채를! 환호를 보냅니다.

(2006. 10. 연화합창단 회보 축사)

오성인 교육헌장

신라 지증왕은 황해를 표류(漂流)하다가 남해에 상륙(上陸)한 중국 제나라 수군대도독(水軍大都督) 첨(瞻) 공의 망명(亡命)을 허락(許諾)하고 김종(金宗)의 따님과 혼인(婚姻)토록 하여 함양 땅에 사시게 하니 이 어른이 우리나라 오성인(吳姓人)의 시조(始祖) 무혜공(武慧公)이시다.

이로부터 1500여 년이 흐른 지금 일조만손(一祖萬孫)으로 번창(繁昌)하여 우리나라 300여 성씨 중 11번째 명문거족(名門巨族)의 반열(班列)에 오르는 영예(榮譽)누리게 되었다.

이에 우리 오성인은 조상(祖上)님의 유업(遺業)과 가르침을 받들어 지키고 선양(宣揚)하며 자손(子孫)을 잘 기르고 가르쳐 더욱더 창성(昌盛)영달(榮達)하기를 한 마음으로 서원(誓願)한다.

1) 우리 오성인은 무혜공 할아버님의 한 자손이다.

2) 우리 오성인은 숭조(崇祖) · 충효(忠孝)를 종헌(宗憲)으로, 우애(友愛) · 신의(信義) · 화목(和睦)을 세훈(世訓)으로 준수(遵守) · 봉행(奉行)한다.

3) 우리 오성인은 끊임없는 상계연구(上系硏究)와 교육선양(敎育宣揚)으로 자존(自尊)과 긍지(矜持)를 만세(萬世)에 전(傳)한다.

4) 우리 오성인은 예의염치(禮義廉恥) · 근면성실(勤勉誠實) · 자주자립(自主自立) · 희생봉사(犧牲奉仕)를 지향(指向)하여 만인(萬人)의 표상(表象)이 된다.

5) 우리 오성인은 나라와 겨레를 향도(嚮導)하고 인류의 등불을 밝히는 훌륭한 자녀질손(子女姪孫)을 기르고 가르치는데 성심(誠心)과 역량(力量)을 다한다.

(2010. 9. 상임고문 삼호당 오희창 초안발의 채택)

얼굴빛이 참 좋습니다

'한 송이 국화꽃을 피우기 위해 봄부터 소쩍새는 그렇게 울었나보다.'라는 서정주의 시가 있습니다. 무서리가 내려 낙엽이 질 때를 기다려 아름답고 진하게 피는 국화꽃은 피를 토하는 소쩍새의 울음과도 같은 간절한 소망과 각고의 근면·노력이 있었기에 의미를 더 할 수 있다고 봅니다.

우리 인생도 머리에 무서리 내리고 주위가 쓸쓸해질 무렵 '경로효친의 자리'에 앉아 멋스럽게 살기 위해서는 젊어서부터 손발이 터지도록 정성을 다하여 열심히 일을 하여야 합니다. '경로효친의 자리'는 인류의 양심에 뿌리를 내려 오랫동안 관습법에 의해 자라난 천년 거목과도 같이 의연하여 군왕도 감히 넘보지 못합니다. 오히려 스스로 수범을 보여야 하는 자리입니다.

따라서 황제의 자리나 대통령의 권좌보다도 상위 개념임을 누구도 부인할 수 없습니다.

그런데 유감스럽게도 고령화사회에 진입하여 노인문제가 이슈화되면서 이 자리가 흔들리기 시작했습니다. 이 자리를 지키기 위하여 젊을 때는 투자를 열심히 하고 나이 들어서는 존경받을 수 있도록 절제와 금도로 수범을 보여야 합니다. 그리해야 그 자리를 지키고 또 그 자리에 앉아 향기 나는 말년을 보낼 수 있습니다. 늦 팔자가 활짝 펴집니다.

그렇다면 젊어서 어떻게 투자해야 할 것인가?

① 부모에게 효도를 해야 합니다. '효자 가문에 효자 난다'고 하였으니 먼저 수범을 보여야 자식들이 배워서 아비어미에게 효도를 합니다. 불효는 멸문(滅門)으로 가는 지름길입니다.

② 자식농사를 잘 지어야 합니다. 사람은 태어나 30년은 부모의 보살핌으로 살고 그 후 30년은 사람들과 더불어 살며 나머지 30년은 수신·수심·수학·수행(修身·修心·修學·修行)으로 삽니다.

③ 경천수순(敬天隨順) 하여야 합니다. 부모·선생·어른의 말을 잘 듣고 행하면 효자·우등생·훌륭한 사람이 됩니다. 다른 사람 말을 잘 들으면 대인 관계가 원만합니다. 자기주장만 하는 사람은 치매 후보 1위라는 것을 명심해야 합니다. 그리고 천

륜·인륜에 어긋나는 짓은 말아야 합니다.

④ 건전한 생활을 해야 합니다. 생활 습관이 건전하면 건강이 보장됩니다. 주색에 빠지면 요절하지 않는 사람 없습니다. 무엇이든지 지나치면 병이 됩니다.

⑤ 마음을 잘 다스려야 합니다. 희로애락을 따르다보면 몸도 마음도 지쳐 쓰러집니다. 꾸준히 기도·수행(祈禱·修行)을 하여 늘 마음을 가운데 자리에서 조용히 머물도록 해야 합니다.

이와 같은 일을 많이 하여 복을 지어놓아야 끝이 좋습니다.

다음은 나이 들어서 할 일입니다. 설사 젊어서 투자를 게을리 하였으면 더욱 열심히 하면 됩니다.

① 식사조절입니다. 과식은 금물로 소식을 하고 진수성찬·맛있는 음식은 독약임을 알아서 미식(美食)을 피하고 거친 음식을 적게 먹어야 합니다.

② 배설을 잘해야 합니다. 막히면 죽습니다. 공기도 햇빛도 물도 음식도 몸에 흡수한 만큼은 반드시 배설·순환시켜야 합니다.

③ 시비(是非)는 피해야 합니다. 나이가 들수록 명판관(名判官)이 된다고 합니다. 사리(事理)에 밝아져서 불량·부당·불법·부조리한 행위는 유난히 잘 보입니다. 그렇다고 그 현장에 뛰어들

어서는 안 됩니다. 자식도 책망만 하면 멀어집니다. 좋은 점 잘한 점 발견에 노력을 하여 칭찬에 인색하지 말아야 합니다.

④ 낙상(落傷)을 조심해야 합니다. 정신을 모아 천천히 걸으면 됩니다. 넘어지면 부러지고 깨집니다. 뼛속 진이 다 빠져 붙지를 않아서 자리보전하게 되면 만병이 도집니다.

⑤ 건강검진은 자주하지 말아야 합니다. 큰 병 아니면 그럭저럭 살아야지 잔병 치료하려다 큰 병 얻습니다.

⑥ 큰돈은 갖지 말아야 합니다. 돈이 있으면 아첨꾼이 몰려들고, 그들의 유혹에 이리 저리 끌려 다니다 보면 혼이 빠져 망신을 당하기 쉽습니다. 자신도 모르게 거만해지고 결국은 외톨이가 됩니다.

끝으로 이런 일을 하는데 마음이 시끄러우면 되지를 않습니다. 마음이 헐떡거릴 때는 단전으로 깊은 호흡을 하면 마음이 가라앉습니다. 고요해진 마음으로 살펴보면 헐떡거릴 이유가 모두 사라집니다. 저절로 마음이 평온하니 얼굴빛이 환해집니다.

이렇게 노력하면 '경로효친의 보위'는 자연스럽게 확보되어 향기롭게 살다가 멋지게 사라질 수 있는 것입니다.

여러분! 얼굴빛이 환합니다. 안색이 참으로 좋습니다.

고맙습니다. (2006. 7)

우정의 꽃을 피웁시다

우선 병술년에는 대길(大吉)하시기를 기원합니다.

아시다시피 금년은 개의 해입니다. 개는 동물 중에도 영특하여 예로부터 수렵·목축·경주·수색·애완 등 그 활용도가 다양할뿐더러 눈이 많이 내리는 북쪽에서는 썰매를 끌고 티베트에서는 짐을 나르기도 합니다. 조선조 중종 때 전라감사 정엄(鄭淹)은 통신 업무에 개를 이용하여 막대한 예산을 절약하였다고 합니다.

개는 죽은 후에도 가죽으로는 장구를, 꼬리로는 비를, 털가죽으로는 방한복을 만들어 사용했습니다. 살코기는 식용·약용으로 썼는데 현재도 구탕(狗湯)에 미친 구탕족(族)을 위하여 의정부발 한탄강행 개차가 운행될 정도입니다.

뿐만 아니라 개에 관한 설화를 보면 화재로부터 주인을 구하고 죽음으로써 충직(忠直)과 의리(義理)를 다하였고, 고려 충렬왕 8년에는 개성 진고개에 눈먼 고아를 데리고 다니며 밥도 얻어 먹이고, 물도 먹여 키우는 개에게 나라에서는 벼슬을 주기도 하였습니다. 백제 멸망 후 왕도의 개들이 궁을 향하여 함께 호곡(號哭)을 하였다든가, 임란 직전에는 진도의 개가 일본을 향하여 며칠 동안 짖었다는 이야기도 전합니다. 사람들은 이런 의구(義狗)가 죽은 후에는 묘를 쓰고 비를 세워 기렸는데 의구비(義狗碑) 의구총(義狗冢)이 경북 선산·전북 임실·충남 부여·평남 용강 등에 남아있습니다.

현대판 의구도 많아 1983년 대전으로 팔려간 진돗개가 300㎞를 7개월 동안 달려와 진도군 의신면 돈지리에 있는 주인할머니 품에 피골이 상접한 모습으로 안겼다는 이야기는 매스컴을 뜨겁게 달구었습니다. 14세를 일기로 주인 품에 죽으니 할머니와 함께 동상을 세워서 그 충직(忠直)·의리(義理)를 선양(宣揚)하고 있습니다.

기타 충·의견에 관한 일화를 다 소개할 수 없으나 오늘에도 장애인의 눈과 귀가 되고, 팔다리가 되어 봉사하고 있으며 고독한 노인들에게는 자식·배우자·비서·친구·도우미·경호원 등 다양한 역할로 도와주는 견공(犬公)이 있어 행복한 사람들이 많습니다.

그런데도 개에 관한 속담은 많으나 유감스럽게도 천하게 비유하는 것들이 대부분입니다. 사람보다도 훌륭한 개의 행동을 시샘하는 심리가 저변에 깔려있다고 보아야 마땅할 것입니다. 하여튼 '잡귀와 액운을 몰아내어 집안의 행복을 지켜준다는 벽사수복(辟邪守福)의 상징으로, 충직과 의리의 표상으로 이어져 내려왔음은 분명합니다.

이와 같은 '충 · 의견의 해' 누가 알아주든 말든 '나라에 충성을 다한 교정성업의 완수자요, 의리의 화신'인 회원 여러분들의 가정마다 만사형통 · 행복충만을 기원합니다.

회원 사이에도 예의 · 신뢰 · 인정 · 격려 · 봉사하면서 기쁨과 슬픔을 함께 나눈다면 25년 역사와 2,300여 회원을 아우르는 전통이 빛나는 동우회가 될 것입니다. 그리고 동인들의 모임이 금란지교(金蘭之交)의 마당이 되고 직장, 평생친구인 죽마교우(竹馬故友)의 정이 아름다운 꽃으로 피어날 것입니다.

다시 한 번 '병술년 대길'을 축원합니다. 감사합니다.

(2006. 3)

인생문제를 철학적으로 접근

한 정신분열증 환자의 고단하고 기이한 삶을 '자연인의 삶'으로, 시공을 초월한 '대자유인의 삶'으로 재조명하면서 인생문제를 철학적으로 접근한 보기 드문 작품이다.

글 문을 들어가면서 잔뜩 호기심을 유발한 후 주인공의 실체와 죽음, 모정에 우는 아들, 문상객의 표정 등을 현란한 문체로 전개하고 글 문을 나오면서 '초인'임을 강조함으로써 작품구성을 잘하였다. 다만 작품을 철학적으로 접근하여 제목과 내용이 무거운 감이 있으나 비교적 짧고 경쾌한 표현으로 무게를 줄이는 데도 성공을 하였다.

작가는 제2의 창조자라고도 한다. 인생과 우주의 문제를 작가의 의식세계로 끌어들여 재해석・재조립하여 형상화함으로써 의미를 부여하기 때문이다. 이런 관점에서 「초인」을 수상작으로 뽑는데 손색이 없었다. 앞으로 좋은 작품을 기대한다.

(김은주 양천문학상수상작품 수필심사평)

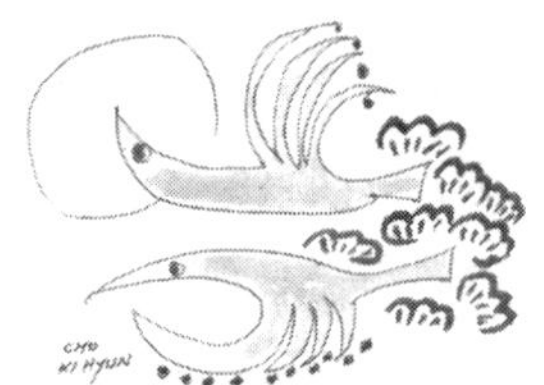

거북이 출발선에 서다

늘어지게 자고 부시시 일어난 거북이놈 정상을 본다.

승리의 깃발이 힘차게 휘날리고 있다. 그 깃발 아래서 토끼가 여유 있게 소리쳐 하는 말, "여보게! 세상이 여러 번 변했고 '자네와 나의 우화'도 뒤바뀐 지 오래일세!"

그렇다. 급변하는 세상에 나만 잠을 자고 있었다. 20여 년 전 선배 한 분이 "자네도 글재주가 있으니 문단을 두드려 볼 생각이 없는가?"라고 하신 말씀이 아직도 귓전에 들리는 듯하다.

그때는 '감히 내가 될 법이나 한 일인가?'였고 또 다른 이유는 본업(공직) 우선이었다. 그러나 세월이 한참 흘러 공직을 명퇴하고 나니 몹시 허전하여 두드린 것이 문단이었고 문은 열렸다. 이제 옷깃 여미고 겸손히 들어갈 차례다.

이제 거북이도 속력을 내기 시작하면 탄력이 붙을 것이다.

거북이는 길상이다. 사람들과의 친화력도 있다. 열심히 글을 써서 독자들의 사랑을 받겠다.

"허허! 늙은 거북이, 결의 한 번 당차구먼!" — 선배님들 하는 말씀?

힘을 주신 심사위원 여러분, 그리고 그때 그 선배께 감사드린다. (1997. 10.『수필문학』 천료소감)

이색적인 체험의 소재 선택

오희창의 「나의 생가」는 인간이 태어난 곳, 태를 묻은 터의 중요성을 말하고 자신의 터가 폐허가 되어 있음을 한탄하며 앞으로 폐허가 된 자신의 터를 일궈 그곳에서 살고 싶다는 소망의 글이다.

태어난 터의 중요성을 종횡으로 고찰하고 자기의 심경을 접목하는 등 문장 전개와 표현은 별로 흠잡을 데가 없는 글이다. 그러나 너무 평범한 경험을 평범하게 전개함으로써 자기 개성과 호기심이 결여된 감이 없지 않다.

문학은 창작이며 창작은 상식화된 일이나 쉽게 연상되는 내용을 뛰어넘거나, 생략되어야 한다. 누구나의 공통된 경험이나 지식을 자기만의 것인 양 계속 끌고 나가면 독자는 지루함을 느끼게 마련이다. 작가는 지금까지 겪은 경험 중 특이하고 개성적인 경험을 선택하고 포착하는 기법을 찾아내야 할 것 같다. 문장의 구성도 앞부분의 일반적 전제가 너무 길고 자기 경험은 짧아 언밸런스를 면치 못하고 있다.

그러나 작가는 오랫동안 교정행정의 최고위 책임자로 많은 인간 교화의 특이한 경험을 남달리 축적하였고 문장력이 뛰어나 앞으로 좋은 글을 쓸 수 있을 것으로 기대되어 천료키로 한다.

(1997. 10. 수필문학 문단등단심사위원회)

복 받는 말 성공하는 대화

생명이 있는 모든 종(種) 중에 어느 종이 의사를 소통하고 사는지는 아직 아는 바 없다.

그러나 동물의 세계에서 사람과 가장 가깝다는 침팬지라든가, 자주 보아온 가축(家畜)인 소, 돼지, 닭은 끼리끼리 소통하는 것을 보아왔다. 그중 재래종 닭을 예시하여 본다. 마당에 먹이를 던져주면 식구들을 불러 모아 같이 주워 먹는 행위라든가, 수탉의 사랑을 구하는 소리와 몸짓을 알아차린 암탉이 다소곳이 앉아있으면 수탉이 암탉 등에 올라 앉아 사랑을 나눈다. 이런 행위를 유추(類推)하고, 동물들이 멸종하지 않는 것을 보면 그들만의 소리나 모습으로 소통하고 산다는 것을 알 수 있다.

사람은 어떠한가? 사람사이에는 말 · 표정 · 행동으로 지 · 정 · 의를 주고받아 생활하는데 지장이 없다. 참으로 큰 축복이 아닐 수 없다. 말을 얼마나 잘 하는가에 따라 인생의 성취의 도나 질이 달라진다.

정말 잘하는 말은 ① 논리가 정연하고 ② 윤리 · 진리 · 정의 · 사랑이 말 속에 녹아있다. 그리고 ③ 시간 · 장소 · 상황에 맞고 ④ 권위가 있고 ⑤ 정이 담겨져 있다.

이와 같은 말로 상대방의 마음을 얻는 것을 설득이라 한다. 지도력의 핵심은 설득력이다. 지도자에게 기획 · 조직 · 판단 · 결단력도 중요하지만 설득력이 더욱 중요하다. 그렇다고 말을 많이 하는 사람이 꼭 존경받는다는 것은 아니다.

예를 들어보자. 어떤 상황이나 인물을 소개할 때에 말이 많아지는 것은 그 내용이 부실하기 때문이다. 때로는 '침묵이 금이다'라는 격언이 통할 때도 있다. 그렇다고 무조건 침묵하라는 뜻이 아니라 말을 아끼고 가려서, 익혀서 하면 된다. 공자의 삼사일언(三思一言)은 여러 과정을 거치라는 말씀이다.

교언영색선의인(巧言令色鮮矣人)이란 말도 '진실이 약할수록 화려하게 말을 꾸민다'는 뜻이다. 서양속담 '침묵이 허용되지 않을 때에만 말을 하라'라는 뜻도 맥을 같이 한다. 무조건 침묵해서는 안 되고 꼭 해야 할 말을 하는 사람이 정의롭고 용기, 분별

있는 사람이다.

말이 적은 과묵한 사람을 좋다는 의미가 아니다. 무식하기 때문에, 분하고 기가 막혀서, 경우에 따라서는 상대방을 무시하는 교만 때문에, 잘못하여 입이 열 개라도 할 말이 없어서 침묵하는 경우가 있다. 또 다른 한편을 보면 진실하기 때문에, 자존심과 권위를 지키려고, 겸손한 마음 때문에, 양보심이 많아서 말을 안 할 수도 있다.

일상생활 속에서 말이 적기 때문에 손해 볼 수도 있지만 반대로 덕을 보는 경우가 더 많다. 우선 말이 적으면 진실하게 보이고 믿음이 간다. 말을 가려서 하는 사람을 보면 신중해 보이고 무게가 있고 고매하게 보인다.

그러나 가정이나 친구 사이나 사교모임에서는 너무 무게만 잡고 있으면 분위기가 무거워지고 답답하다. 이런 때에는 유머라도 좋으니 필요치 않는 말이라도 하는 것이 좋다.

마지막으로 말은 어떻게 해야 하는가 간추려 본다.

먼저 상대를 존중하고 인정한 후에 대화한다.
신바람 나게 말하도록 풀무질하고
진지한 자세로 경청하다가 가끔 추임새를 넣고
마음 깊이 잘 담아 둔다.

상대를 추겨 세우되 비교하지도 나를 드러내지도 말고

캐내고 부정하지 말고 상대의 말을 끊지 말자.
한마디 말하고 두 마디 들으라는 뜻으로 입 하나, 귀 둘이다.

말소리가 들어가 어떤 느낌인지 확인하기 위하여
시선을 자연스럽게 상대의 눈에 부드럽게 맞추고
재미에 치우치지 말고 성실하게 조용조용 사실을 말하고
군데군데 낚시를 던져 공감을 불러내라.

장점만을 드러내어 부족함이 없이 칭찬하며
꾸짖음은 손해 보는 일임을 명심하고
두터운 마음으로 관심을 갖고 믿음으로 대화한다.

(2012. 12)

하늘이 기울 때 더 큰 가슴으로 온 그대에게 묻는다

"폭풍의 계절 산과 들에서, 등하굣길에서 소리 높여 낭송? 하다가 커다란 눈을 보고 무슨 잘못이라도 저지른 양 어쩔 줄 몰라 했던 일이며, 학창 시절 연애편지 쓸 때 사랑시를 열심히 훔쳐 썼고 대신 써주었던 일들이 업(業)으로 쌓여 오늘의 보(報)를 받는지도 모를 일이다."라는 이야기로 글문을 여는 것은 옛날 시는 어느 문학 장르보다 사람들을 끌어당기는 힘이 있고 정신을 맑고 풍성하게 하였다는 것을 밝히기 위함이다.

내 가슴을 뒤흔들어 놓았고 지금까지도 불도장으로 남아있는 시는 누구나 흥얼거릴 수 있는 리듬·화음·박자가 은은하게 배어 나왔고 깊은 마음속에 그림을 그려 넣을 수 있으며 함축

된 뜻이 피어났다. 이제 나는 어떤 시에 치우쳤는지….

모든 문제가 나로부터 시작한다는 생각에 사람들이 '다가오는 시', '사랑하는 시', '마음을 밝히고 부드럽게 하는 시'를 한 편만이라도 남기고 싶어서 쓰고 다듬기를 되풀이 하고 있다가 받아놓은 시어들의 무게가 너무 커 몇 편의 시를 모아 보답하고 싶었다. 매운 채찍과 따뜻한 충고를 바란다. 매는 아릴수록 뜻이 깊고 충고는 다정할수록 머리를 조아린다니 말이다.

풋내기 늦깎이에게 사람 냄새 물씬 풍겨준 여러분과 이 보람을 나누고 싶다. 한결같이 나를 바라본 아내 그 사람으로 하여 나는 어디서나 당당했다. 부족한 글을 끝까지 봐주신 괴로움에 해설까지 담아주신 박동규 교수님께 감사드린다.

이에 글문을 나오면서 미련 한 자락은 내 안의 또 다른 나 H와의 튀는 밀어를 모두 삼켜 새로운 나를 토해내기를….

(2003. 1. 첫시집을 내면서)